個人情報保護法の
しくみ

弁護士
前・個人情報保護委員会事務局参事官補佐
日置　巴美
Tomomi Hioki

弁護士
元・消費者庁消費者制度課個人情報保護推進室政策企画専門官
板倉陽一郎
Yoichiro Itakura

商事法務

はしがき

　平成27年に改正された「個人情報の保護に関する法律」、平成28年に改正された「行政機関の保有する個人情報の保護に関する法律」及び「独立行政法人等の保有する個人情報の保護に関する法律」の全面施行を平成29年5月30日に控え、数年にわたる個人情報保護法制変革の波がひとまず収まろうとしている。

　改正によって個人情報保護法は、規律の詳細の多くを政令・個人情報保護委員会規則に委任することとしたため、関係者は否応なく委任される政令・規則に注目することとなった。改正法成立から1年以上が経った平成28年10月に、ついに「個人情報の保護に関する法律施行令」及び「個人情報の保護に関する法律施行規則」が公布され、それに続き「個人情報の保護に関する法律についてのガイドライン」（4種）が公表された。加えて、金融分野の「金融分野における個人情報保護に関するガイドライン（案）」等の、特定分野ガイドライン（の案）が公表されている。個人情報保護法上の義務を負う者である個人情報取扱事業者、匿名加工情報取扱事業者及び認定個人情報保護団体は、全面施行に向け、法令及びガイドライン等を踏まえた準備・取組みを行わなければならない。

　本書は、『平成27年改正個人情報保護法のしくみ』を改定するものである。内容をアップデートし、最新の情報を加えたが、構成の変更がないこと、及び、紙幅の関係から、改正事項中心の記述である点はご海容いただきたい。筆者らは、前著に続き、個人情報取扱事業者をはじめとした、個人情報保護法関係者が全面施行に向けた準備・取組みを行う上で必要となる基礎的な情報を示すことを企

図した。法令及び膨大な量にのぼったガイドラインを精査し、板倉弁護士の実務的な知見並びに私の行政庁及びその後の実務における知見を踏まえて、個人情報保護法についてできる限り簡略・平易な形で解説することを試みている。事業部・法務部関係の方々等の多忙を極める方がガイドライン類までをも精査し、さらに自社に必要かつ適切な措置を検討、実施することは相当な困難を伴うであろう。微力ながら本書が一助となるのであれば大変喜ばしい。

　本書の校正に当たっては、前著に引き続き、高木浩光氏（産業技術総合研究所）及び辻畑泰喬弁護士（前・消費者庁）のご協力をいただいた。謹んで感謝申し上げる。

　また、引き続き、感嘆すべき辛抱強さで編集作業をご担当いただいた商事法務の岩佐智樹次長、水石曜一郎主任にも謝辞を述べたい。

　数年にわたる行政官としての執務と、その後の弁護士としての実務から、個人情報保護法のみによって全ての分野を規律することにはおのずと限界があり、必要に応じて個別に法律を定めること等によって、社会実態に合った対応がなし得ると感じることがある。

　情報を取り巻く環境は刻一刻と変化し、実態は複雑である。政府のIT政策が一見重複、矛盾する取組みを抱え、一貫性を保ち難くなっていることや、各省の調整が困難となっていると感じる機会が増えているのは、単に気のせいではあるまい。政策が実態に追いついていないのである。施行後3年の初めての見直しに向け、時計の針はすでに進んでいる。個人情報保護法制が、社会の実態からかい離し、本人保護・利活用ともに欠けるということのないよう、官・民による不休の対応がなされることを願い、私自身も研鑽を重ね、微力を尽くしてまいりたい。

平成 29 年 2 月

　　　　　　　　　弁護士法人内田・鮫島法律事務所
　　　　　　　　　　弁護士　日置　巴美

『平成 27 年改正個人情報保護法のしくみ』
はしがき

　本書は、制定から 10 余年を経過して、初めての大改正がなされた「個人情報の保護に関する法律」についての入門書である。

　個人情報保護法は、保護対象である「個人情報」の本人、個人情報を取り扱う「個人情報取扱事業者」を中心に非常に多くの人間や団体、企業等に関係するものであり、改正の与えるインパクトは大きい。

　改正の背景には、パーソナルデータの取り扱われる環境のめまぐるしい変容がある。情報通信技術の発展に伴い、集積できる情報の種類・量は、法制定当時とは比較にならないものとなっており、また、その利活用方法も幅広い。そのような中で、パーソナルデータを利活用したい者とパーソナルデータの主体（Data Subject）であるところの個人情報の本人との想いの間には、大きな隔たりがある。つまり、利活用したい者にとっては、法律によって保護される対象が狭く、また規制内容が緩やかであることの方が望ましいのに対して、本人にとっては、保護対象は広く、またできる限り規制が厳しい方が良い（もちろん、実際の社会では、このように単純化できるものではない）。また、パーソナルデータ・個人情報は、国境を越えて流通するものであることから、その取扱いに当たって国際整合性という観点をはずすことができない。このことから、改正法は、国際動向や様々な立場の者の意見が踏まえられて制度化され、困難ながらもバランスを図りつつ適正なものとなっている。

　本書のねらいは、いずれの関係者にとってもわかりやすいよう、改正ポイントとともに、基礎的な個人情報保護法の説明を行うこと

によって、この法律の全体像を把握していただくことにある。改正法は、個人情報を取り巻く環境変化に適時・適切に対応できるよう、具体的な制度設計を政令・規則に委任している。政令・規則は本法公布から2年以内の完全施行に事業者が対応できるように制定されるものと考えられるが、それまでの間に、改正前の個人情報保護法に明るくない方から、勤め先の法務担当として基礎的なことを承知しておられる方まで、基礎知識の有無にかかわらず、本書が、少しでもこの法律を理解するための一助となれば、喜ばしい限りである。

　本書は、①改正の背景、②改正内容、③改正後の個人情報保護法制という形で構成される。これまでの個人情報保護法についてご関心・ご見識をお持ちの方は②をお読みいただければ足り、初学者の方は①を、さらに興味によっては③をご覧いただければと思う。

　本書の記述は、板倉陽一郎弁護士が①3「諸外国との関係」、②6「個人情報取扱いのグローバル化への対応」及び③1(1)「安心・安全なデータ流通のために」という主として国際関係の部分を、共著者である私がその余の部分を執筆した上で討議を重ね、相互に相当の筆を入れている。それぞれの執筆部分が両著者の責任執筆部分となる。なお、私の執筆部分は、全くの私見であり、所属する組織の見解ではないことをお断りしておく。

　板倉弁護士は、本法を所管する消費者庁の個人情報保護推進室で私の前々任に当たる担当官を務められ、その後は弁護士実務に復帰されている。個人情報を巡る国際動向をはじめ、非常に幅広いご見識をおもちである。執筆に当たっては、その幅広い視野とご経験から、私に対して、多くの示唆を与えていただいた。この場でもお礼申し上げたい。

　日ごろより貴重なご意見を頂戴している、鈴木正朝教授（新潟大

学)、高木浩光氏（産業技術総合研究所）、横田明美准教授（千葉大学）、辻畑泰喬弁護士（前・消費者庁）、葛山弘輝弁護士（元・経済産業省）、大島義則弁護士（前・消費者庁）、加藤尚徳氏（KDDI総研）には、大変ご多用な中、短期間で本書についてご精読いただき、校正にご協力いただいた。感謝の気持ちは言葉では言い尽くせないほどである。

　また、本書の、板倉弁護士と私との尽き難い議論が続いた執筆段階から編纂に至るまで、多大なお力添えをいただいた、商事法務の岩佐智樹次長、水石曜一郎主任にも、心より感謝申し上げる。

　最後に、個人情報保護法は、私の法科大学院時代に完全施行されており、法科大学院では、完全施行直後の熱気に包まれた個人情報保護法を学ぶ機会を得た。その法律の改正に携われたこと、これを解説する機会を得たことは非常に感慨深い。今後も変化を続けるであろう、個人情報を取り巻く環境に応じて、この法律が柔軟かつ適切に運用され、また、必要に応じて変わり続けていくところを、これからも見守っていきたい。

平成27年9月
　内閣官房情報通信技術(IT)総合戦略室　パーソナルデータ関連制度担当室
　　　　　　　　　　　　　　　参事官補佐　日置　巴美

目 次

1 個人情報を取り巻く環境変化 …… 1

1 急速な情報通信技術の発展――ビジネスニーズの拡大と個人情報の保護 …… 1
2 政府の検討――成長戦略の実行と個人情報保護法改正へ … 3
3 諸外国との関係 …… 6
　(1) 国際的なパーソナルデータを巡るビジネス及び消費者を取り巻く環境 …… 6
　(2) 多国間関係 …… 8
　　ア　OECD …… 8
　　イ　APEC …… 9
　　ウ　欧州評議会 …… 11
　(3) 二カ国・地域間関係 …… 11
　　ア　米国 …… 11
　　イ　EU …… 12
　(4) データ保護機関の会合 …… 15
　　ア　データ保護・プライバシーコミッショナー国際会議 …… 15
　　イ　アジア太平洋プライバシー機関（APPA）フォーラム …… 16

2 個人情報保護法のポイント …… 17

1 平成27年改正のオーバー・ビュー …… 17
2 統一的かつ明確な個人情報保護法制構築のために …… 20
　(1) 個人情報とは何か？ …… 22

ア　個人情報とは？「特定の個人を識別することができるもの」
　　　　　とは何か？ ··· 24
　　　イ　新たな個人情報の整理　「個人識別符号」 ··············· 27
　　　［コラム１］EU・米国における「個人情報」の定義 ············ 32
　　　ウ　「容易照合性」とは何か？ ···································· 33
　　　エ　従来型個人情報と個人識別符号の関係 ··············· 36
　　　オ　個人データと保有個人データ　規律のグラデーション ······ 38
　(2)　個人情報保護委員会 ·· 43
　　　ア　独立性の高い機関による一元的な運用 ··············· 44
　　　イ　適正な個人情報・匿名加工情報の取扱いのための
　　　　　監督権限 ··· 46
　　　ウ　事業所管大臣との関係 ······································· 50
　　　［コラム２］特定分野ガイドライン ································· 55
3　安心・安全な個人情報取扱いの環境整備のために ············ 59
　(1)　小規模事業者の適用除外の見直し ···························· 59
　　　［コラム３］いわゆる過剰反応問題 ······························· 61
　(2)　要配慮個人情報 ·· 62
　　　ア　要配慮個人情報とは何か？ ································ 62
　　　イ　要配慮個人情報の取扱い ··································· 65
　　　［コラム４］労働安全衛生法の健康診断と要配慮個人情報 ······ 68
　(3)　必要のなくなった個人情報はどうするか？ ······················ 69
　　　ア　不要なデータの消去 ·· 69
　　　イ　消去が求められる場面 ··· 70
　　　［コラム５］個人データの内容の正確性の確保 ··············· 71
　(4)　個人情報を第三者へ提供することの制限 ······················ 71
　　　ア　個人データの第三者提供をするには？ ··················· 71
　　　［コラム６］原則同意の例外となる「第三者への提供」とは？ ··· 72

イ　オプトアウト手続による第三者提供──届出制・委員会公表の導入 ……………………………………………………………… 73
　(5)　適正な情報流通を図るための措置 ……………………………… 76
　　　ア　トレーサビリティの確保のために ………………………… 77
　　　イ　不正な利益を図る目的による個人情報データベース提供罪の新設 …………………………………………………………… 89
　(6)　開示等請求権の明確化 ………………………………………… 93
　　　ア　開示 ………………………………………………………… 96
　　　イ　訂正等 ……………………………………………………… 97
　　　ウ　利用停止等 ………………………………………………… 98
　　　［コラム7］不正に漏えいした個人情報の消去を請求できるか？
　　　　　　　 …………………………………………………………… 99
　　　エ　事前の請求──任意の解決を促し、濫訴を防止するために … 100
　　　オ　その他 ……………………………………………………… 101
4　利活用を促進するために …………………………………………… 102
　(1)　自由な利活用が認められる匿名加工情報という新たな仕組み
　　　　………………………………………………………………… 104
　　　［コラム8］匿名加工情報を取り扱うに当たって義務を課される対象は？ ………………………………………………………… 106
　　　ア　匿名加工情報作成者に求められること ………………… 107
　　　［コラム9］提供元基準と提供先基準 ……………………… 116
　　　［コラム10］匿名加工情報を作成した事業者が自ら利活用することはできるか？ ……………………………………………… 123
　　　イ　匿名加工情報の受領者に求められること ……………… 125
　　　ウ　不適切な取扱いに対する措置について ………………… 127
　　　［コラム11］匿名加工情報を実際に扱う現場でどうするか？ … 127
　(2)　個人情報の利用目的制限の緩和 …………………………… 129

		ア 個人情報の取扱いと利用目的 ………………………… 129
		イ 利用目的変更要件の緩和 ……………………………… 131
		［コラム12］本人が利用目的とその変更の範囲を十分に認識できるようにするために ……………………………… 135

5 民間の取組みを促すことによる個人情報の適正な取扱いの確保 ……………………………………………………………… 136
 (1) 認定個人情報保護団体 …………………………………… 137
 (2) 個人情報保護指針 ………………………………………… 139
  ［コラム13］認定個人情報保護団体が結成されていない分野はどうするのか？ ………………………………………… 141
 (3) 個人情報保護委員会による認定個人情報保護団体の監督 …… 142
  ［コラム14］苦情処理 ……………………………………… 143
6 個人情報取扱いのグローバル化への対応 ……………………… 144
 (1) 域外適用 …………………………………………………… 144
  ア 域外適用とは何か？ …………………………………… 144
  イ 個人情報保護法に域外適用が導入される根拠 ……… 144
  ウ 域外適用される義務規定・監督規定 ………………… 145
  エ 国内にある者に対する物品又は役務の提供に関連して …… 146
  オ その者を本人とする個人情報を取得した …………… 146
 (2) 執行協力 …………………………………………………… 147
  ア 外国執行当局への情報提供 …………………………… 147
  イ 外国執行当局 …………………………………………… 148
  ウ 情報提供の要件 ………………………………………… 148
  エ 外国執行当局との情報共有の枠組み ………………… 149
 (3) 国境を越えたデータ移転のための制度 ………………… 150
  ア 外国にある第三者への提供のための規定整備 ……… 150
  イ 外国 ……………………………………………………… 151

ウ　外国にある第三者 ……………………………………… 151
　　　エ　あらかじめ外国にある第三者への提供を認める旨の本人の同意 ……………………………………………………………… 155
　　[コラム 15] クラウドサーバの利用は委託に該当するか？ …… 156

③ 新たな法制度の下の個人情報
　　——改正法によって望まれる社会と取り組むべき課題 ……… 159

1　安心・安全なデータ流通のために ………………………………… 159
　(1)　名簿業者、データブローカー ………………………………… 159
　(2)　安全管理措置 …………………………………………………… 159
　(3)　世界中から個人データが集積される環境のために ………… 160
2　改正後の個人情報保護法制 ………………………………………… 161
　(1)　個人情報保護法制の全体像 …………………………………… 161
　(2)　公的部門への影響と今後の展望 ……………………………… 161
　　　ア　データ利活用と公的部門 ………………………………… 161
　　　イ　まとめに代えて …………………………………………… 164

資料1　個人情報の保護に関する法律（平成 15 年法律第 57 号）平成 29 年 5 月 30 日時点 ………………………………………… 167

資料2　個人情報の保護に関する法律施行令（平成 15 年政令第 507 号）　平成 29 年 5 月 30 日時点 ……………………………… 187

資料3　個人情報の保護に関する法律施行規則（平成 28 年個人情報保護委員会規則第 3 号） ……………………………………… 193

凡　例

個人情報保護法、個情法	個人情報の保護に関する法律（平成15年法律第57号） 注：個情・番号法改正法2条による改正及び行政機関等の保有する個人情報の適正かつ効果的な活用による新たな産業の創出並びに活力ある経済社会及び豊かな国民生活の実現に資するための関係法律の整備に関する法律による改正後のものをいう。
施行令	個人情報の保護に関する法律施行令（平成15年政令第507号） 注：個人情報の保護に関する法律及び行政手続における特定の個人を識別するための番号の利用等に関する法律の一部を改正する法律の施行に伴う関係政令の整備及び経過措置に関する政令（平成28年政令第324号）による改正後のものをいう。
施行規則	個人情報の保護に関する法律施行規則（平成28年個人情報保護委員会規則第3号）
個情・番号法改正法	個人情報の保護に関する法律及び行政手続における特定の個人を識別するための番号の利用等に関する法律の一部を改正する法律（平成27年法律第65号）
委員会	個人情報保護委員会
委員会規則	個人情報保護委員会規則
委員会ガイドライン	下記のガイドライン（通則編）〜ガイド

	ライン（匿名加工情報編）の四つをまとめた総称
ガイドライン（通則編）	個人情報の保護に関する法律についてのガイドライン（通則編）
ガイドライン（外国第三者提供編）	個人情報の保護に関する法律についてのガイドライン（外国にある第三者への提供編）
ガイドライン（確認記録義務編）	個人情報の保護に関する法律についてのガイドライン（第三者提供時の確認・記録義務編）
ガイドライン（匿名加工情報編）	個人情報の保護に関する法律についてのガイドライン（匿名加工情報編）
委員会Q&A	「個人情報の保護に関する法律についてのガイドライン」及び「個人データの漏えい等の事案が発生した場合等の対応について」に関するQ&A
金融分野ガイドライン案	金融分野における個人情報保護に関するガイドライン（案）
信用分野ガイドライン案	信用分野における個人情報保護に関するガイドライン（案）
サービサーガイドライン案	債権管理回収業分野における個人情報保護に関するガイドライン（案）
電気通信事業ガイドライン案	電気通信事業における個人情報保護に関するガイドライン（案）
医療・介護ガイダンス案	医療・介護関係事業者における個人情報の適切な取扱いのためのガイダンス（案）

番号法	行政手続における特定の個人を識別するための番号の利用等に関する法律
行政機関個人情報保護法	行政機関の保有する個人情報の保護に関する法律
独立行政法人等個人情報保護法	独立行政法人等の保有する個人情報の保護に関する法律
民訴法	民事訴訟法
PD 検討会	パーソナルデータに関する検討会

1 個人情報を取り巻く環境変化

1 急速な情報通信技術の発展——ビジネスニーズの拡大と個人情報の保護

　タブレット端末やスマートフォン等の普及、クラウドコンピューティング（官民データ活用推進基本法（平成28年法律第103号）2条4項参照）の一般化により、だれでも、世界中のどこからでも、そしてどこへでも、自由かつ簡単に情報にアクセスし、望むのであれば発信者にもなり得る世の中になった。また、IoT（※ Internet of Things。インターネットに対し、パソコン等のIT専門機器のみならず、それ以外の様々な「モノ」が接続されるようになること。なお、同条3項及び特定通信・放送開発事業実施円滑化法（平成2年法律第35号）附則5条2項1号参照）技術の急速な進歩もめまぐるしい。情報を取り扱う事業者からみると、集積することができる個人情報の量は多種・多様、膨大となっている。このような、情報通信技術の発展とこれに伴う情報の量的・質的な広がりは、法制定当時には実現できなかったことを可能としている。例えば、携帯電話・スマートフォンの通信基地局やGPS機能によって端末利用者の位置情報を取得してその人の現在地に合わせたオンタイムの広告やクーポンを提供することや、多数人の位置情報に、誰でも2次利用が自由にできるように公的機関が公開している情報であるオープンデータや、Facebook、Twitter等のSNS（※ Social Networking Service。インターネットを通じて私人間で情報のやり取りをするなど交流を図り、人間関係を構築できる基盤を提供する仕組み）で利用者が公表している情報を組み合わせて、観光、交通や災害対策のビジネスや公共の計画立案をすること等も、実用化されてきている。公的機関・民間事業者の別や、電子商取引・電気通信・医療・交通・販売流通と

いった、事業分野を問わず横断的に存在する多種・多様、膨大な量の情報は「ビッグデータ」と呼ばれ、事業者においては、収集したデータを当該データ以外の様々な情報とともに用いたり、複数の分析結果を組み合わせたりするなどして新たなサービスやビジネスチャンスにつなげたいというニーズが生まれている。これらのニーズが事業として具体化されることで、イノベーションが創出され、経済が発展し、最終的には個人・社会に便益が還元されることが期待される。

　このように、多種・多様かつ膨大なものであるビッグデータの中でも、特に有用と指摘されるのが「パーソナルデータ」である。ここでいうパーソナルデータは、法律上の概念である「個人情報」に限らず、広く個人に関するデータを意味し、GPSや通信基地局から割り出される位置情報、ウェブ閲覧履歴、購買履歴、カー・ナビゲーション・システムや交通機関を利用する際の交通カードから割り出される移動履歴のように、およそ人に関連し、人の生活に伴って発生する全ての情報を含む。パーソナルデータには、個人に関する、「今日は水を買った」、「今月のガス料金はいくらだった」、というそれ自体は何の変哲もない情報から、思想信条に関わり、プライバシーの観点から秘匿性が高い、個人の支持政党や宗教観のような情報まで、様々なものが含まれる。パーソナルデータの中には、必ずしも個人とのつながりが強くなく、それのみでは同人を特定することが困難なものも含まれている。しかし、パーソナルデータから割り出され得る本人にとっては、自らに関する情報の取扱いが適正なものであるか、権利利益が侵害されるおそれがないのかという不安が常につきまとう。事業者がパーソナルデータを利活用してビジネスチャンスにつなげようとした場合、個人の権利利益侵害が起こらないように配慮したとしても、パーソナルデータの本人の信頼を

得られていなければ、風評被害につながることもあり、これをおそれて実際には事業を始めることに躊躇することとなりかねない。他方、パーソナルデータの本人としても、法的保護が及ぶのか、また、どのような取扱いがなされているのか明らかでなければ、本当に事業者を信頼しても良いのか判断に窮することとなる。

　このように、パーソナルデータを取り巻く環境の変化を背景として、プライバシー等個人の権利利益保護を図りつつ事業活動を行うことが可能となるよう、①利活用可能なデータは何か、また、適正な取扱いとは何かについて明確化することや、②法施行からこれまでの状況に鑑みた現行法下における諸問題を解消することという観点から、本人からも事業者からも、より明確で信頼できるルール作りを含めた、パーソナルデータの利活用環境の整備を望む声が大きくなっていった。また、個人情報保護法の成立から10余年、個人や事業者の活動がグローバル化し、国境を越えて日常的に多くのデータが流通するようになったことから、環境整備においては、国際的な枠組みへの対応が併せて求められるようになってきた。

2　政府の検討──成長戦略の実行と個人情報保護法改正へ

　上記のようなパーソナルデータの利活用に関する環境整備への期待と不安を背景に、平成27年改正以前の各省庁は、様々に個別的な取組みを行ってきたが、政府は、平成25年6月14日、パーソナルデータの利活用に関する重要な項目を含む『日本再興戦略』及び『世界最先端IT国家創造宣言』を閣議決定した。

　政府は「世界最高水準のIT社会の実現」を掲げ、ITを活用した民間主導のイノベーションの活性化に向けて、世界最高水準の事業環境を実現することを掲げ、ITが「あたりまえ」の時代にふさわしい、オープンデータやビッグデータの利活用を推進するための

データ利活用環境整備を行うとして、パーソナルデータの利活用については、法的措置を含む検討が進められることとなった。

　これら政府方針の閣議決定後直ちに、『高度情報通信ネットワーク社会推進戦略本部（IT総合戦略本部）』下に、望まれるパーソナルデータ利活用環境整備について検討するための『パーソナルデータに関する検討会』が設置された。検討会では、時代に即したデータの活用と個人情報及びプライバシーの保護との両立に配慮したデータ利活用ルール、監視・監督、苦情・紛争処理機能を有する第三者機関の設置が主な課題とされた。とりわけ、本人の同意なしに用いることができるカテゴリとしての、「個人情報を加工して個人が特定される可能性を低減したデータ」の取扱いが主要な論点とされた。検討会委員には、産業界、学界、情報技術、消費者団体の代表者等様々な分野の有識者が集められ、パーソナルデータ利活用のニーズと現行法の抱える課題、諸外国の法制度等、我が国のパーソナルデータを取り巻く現状の把握、そして「『個人情報』とは何か、保護されるべきパーソナルデータとは何か」、「氏名、住所や電話番号等を削除すればもう個人情報ではないものとして取り扱って良いのかどうか」、「現行法における本人同意に代わる方法によってデータの利活用をしやすくすべきではないか」等、保護と利活用の側面から多角的な検討がなされた。

　検討会開始から1年余り、12回の検討を経た平成26年6月24日、IT総合戦略本部は、『パーソナルデータの利活用に関する制度改正大綱』を決定した。この大綱では、情報通信技術の進展により、多種・多様かつ膨大なパーソナルデータが収集・分析されていること、その利活用に取り組む事業者が、特に個人の権利利益侵害に係る問題は発生させていなくとも、個人情報として取り扱うべき範囲の曖昧さ（グレーゾーン）のために社会的な批判を受けて、利活用に

躊躇する場合があることを指摘し、これを「利活用の壁」と呼んだ。「利活用の壁」により、パーソナルデータの利活用が十分に行われてきていない現状に鑑み、事業者の「利活用の壁」を取り払い、これまでと同様に個人の権利利益侵害を未然に防止しつつ、新産業・サービスの創出と国民の安全・安心の向上等のための利活用を実現する環境整備を行うとした。そして個人情報保護法改正を中心とした、次の制度改正枠組みが示された（法制化の過程で名称や内容に変更があったが、それぞれの項目に対応する続章の項番号を付す）。

① 本人の同意がなくともデータを利活用可能とする枠組みの導入

パーソナルデータの利活用は、第三者提供等による流通・利活用の促進によって大きな効果をもたらすことから、それらを本人同意に代わる一定の条件の下、第三者提供を行うことを可能とするために、個人が特定される可能性を低減したデータの取扱いについての枠組みを導入する（2 4(1)）。

② 基本的な制度の枠組みと、これを補完する民間の自主的な取組みの活用

基本的な制度の枠組みについて、事業者がパーソナルデータの利活用に躊躇しないよう、「個人情報」の範囲を明確化し、個人の権利利益の侵害が生じることのないよう取扱いに関する規律を定める（2 2(1)、3(3)～(6)）。

また、グレーゾーンの内容や、個人の権利利益の侵害の可能性・度合いは、情報通信技術の進展状況や個人の主観等複数の要素により時代とともに変動するものであることから、これに機動的に対応するため、法律では大枠のみ定め、具体的な内容は政令、規則及びガイドライン並びに民間主導による自主規制により対応する（2 5）。

③ 第三者機関の体制整備等による実効性のある制度執行の確保

バランスの良い保護及び利活用の推進に向けて、法令や民間の自

主規制を実効性あるものとして執行するために、独立した第三者機関の体制を整備する（2 2(2)）。

④　国際協調

制度改正に当たっては、国境を越えたデータの流通を阻害することがないよう、国際的に調和のとれた我が国として最適な制度とすることを目指し、域外適用、執行協力、及び他国との情報移転についての規律を定める（2 6）。

その他、小規模事業者への対応と情報の利用方法からみた規制対象の縮小（2 3(1)）、機微情報の取扱い（2 3(2)）、開示等の在り方（2 3(6)）及び利用目的変更の要件緩和（2 4(2)）が改正項目として掲げられた。

また、大綱策定以後、大手通信教育企業による個人情報の大量漏えい事件が発生し、漏えいした情報がいわゆる名簿業者を介して転々流通したこと及び、名簿業者の実態の一端が明らかになったことをきっかけに、名簿業者を含めた本人のあずかり知らぬところでの個人情報の拡散に対処するなど、情報の流通の適正を担保するための対応が追加的になされることとなった（2 3(5)）。

3　諸外国との関係

(1)　国際的なパーソナルデータを巡るビジネス及び消費者を取り巻く環境

パーソナルデータを巡るビジネス及び消費者を取り巻く環境は、外国の事業者をおいては語れない。スマートフォンのOS（基本ソフトウェア）は米国 Google, Inc. 製の Android OS と米国 Apple, Inc. 製の iOS の二つでシェアのほとんどを占めており、さらに両社のソフトウェアが組み合わされることにより、両社には膨大なパーソナルデータが蓄積される状況にある。同様に、PCのOSで

は米国 Microsoft, Corp. 製の Windows と Apple の Mac OS X が二強であり、インターネットの検索エンジンでは Google の Google 検索が圧倒的なシェアを占め、これに次ぐ Bing も Microsoft によるものである。電子メールでは Google の Gmail、インターネット通販では米国 Amazon.com, Inc.、ソーシャル・ネットワーキングでは米国 Facebook, Inc.、動画投稿・配信では Google の YouTube が、我が国を含めて最大のシェアを誇っている。クラウドコンピューティングでもやはり、Google、Microsoft、Amazon によるものが著名かつ一般的に用いられている。

　このように、インターネットを利用するための基本的な仕組みやインターネット上の検索エンジン、ウェブメール、動画投稿・配信、インターネット通販といった基本的なサービスは、圧倒的に米国の企業により担われており、それに伴って膨大なパーソナルデータが米国の企業に蓄積されている。もっとも、「米国の企業」といっても、本社はシリコンバレーに所在していることが多いが、節税等の関係で、形式的なサービス提供者は米国以外に所在する子会社である場合もある。例えば、ソーシャル・ネットワーキングである Facebook を利用する場合、平成28年12月現在の利用規約によれば、我が国在住者は Facebook のアイルランド子会社（Facebook Ireland Limited）と契約することとなる。また、これらのサービスの提供基盤はクラウドコンピューティングを用いていることが通常であり、パーソナルデータは実際には（物理的には）米国に所在しているとは限らない。

　かくして、①現在、インターネット上の基本的なサービスやソフトウェアの設計者は米国企業であるが、②我が国国民にサービスを提供する主体は米国企業であるとは限らず、③物理的なパーソナル

データの所在地も米国とは限らない、という現状がみえる。これらは、我が国に限った状況ではない。米国以外の国・地域において消費者はほぼ同じ状況に置かれているといえる。

さらに、④コールセンターや入力作業のアウトソーシング、オフショア開発等により、パーソナルデータが、相対的に人件費等の安価な、しかしながら個人情報の保護水準が必ずしも高くない外国で取り扱われる例も増加している。これは、米国も含めた、世界中でみられる現象である。

パーソナルデータの保護に関して、グローバルには、［1］政府レベルでの多国間関係、［2］政府レベルでの二カ国・地域間関係が形成されているほか、［3］データ保護機関レベルでの会合が持たれている。これらの会合において——それを明示的に問題意識として掲げるか否かは別として——前提とされているのは、上記①～④の現状である。すなわち、後述するように、データ保護を巡る様々な国際関係は、特に2010（平成22）年頃から、規範の改正を含め、大きく動いてきているが、背景には、国際的なパーソナルデータを巡るビジネス及び消費者を取り巻く環境がある。

全ての国際関係を詳細に論ずることはできないが、このような環境を念頭に置くと、理解が促進されるものと思われる。これらは、個人情報保護法改正の背景でもある。個人情報保護法の解説や議論においては、ときおり、これらの国際関係の知識を前提とした説明や理由付けが行われることもあるので、ここで簡単に解説しておくこととする。

(2) **多国間関係**

ア　OECD

OECD（経済協力開発機構）のプライバシーガイドライン（OECDプライバシーガイドライン）は、正式名称を"OECD Guidelines on the Protection of Privacy and Transborder Flows of Personal Data" といい、正式な位置付けは、RECOMMENDATION OF THE COUNCIL CONCERNING GUIDELINES GOVERNING THE PROTECTION OF PRIVACY AND TRANSBORDER FLOWS OF PERSONAL DATA（23 September 1980）（プライバシー保護と個人データの国際流通についてのガイドラインに関するOECD理事会勧告（1980（昭和56）年11月23日））の附属文書である。

「先進国クラブ」であるOECDの役割の一つは米国と欧州の間の利害調整であるが、OECDプライバシーガイドラインも例外ではない。プライバシーのみならずデータ保護までをも基本的人権として厳格なデータ保護制度を設計する欧州と、プライバシー権はあくまで対国家的権利であるという原則を崩さず、包括的立法を持たない米国の間では、基本的な思想が異なる。プライバシー・データ保護に関しての欧米の妥結点が、1980（昭和55）年のOECDプライバシーガイドラインであった。

我が国は1964（昭和39）年以来のOECD加盟国であり、個人情報保護法はもちろん、我が国の個人情報保護制度は例外なくOECDプライバシーガイドライン、特に8原則の影響下にあった。OECDプライバシーガイドラインは1980（昭和55）年の制定以降改正されずに来たが、2010（平成22）年の30周年を機に改正作業が開始され、2013（平成25）年に大規模な改正をみた。ただし、8原則は改正されていない。

イ　APEC

我が国は、APEC（アジア太平洋経済協力）において主導的な活動をしているエコノミーの一つである（APECにおいては国及び地域を「エコノミー」と呼ぶ）。APECでは、APEC域内での適切なデー

タ保護と流通を図るべく、2004（平成 16）年に APEC プライバシーフレームワークを定め、2007（平成 19）年に APEC データ・プライバシー・パスファインダー計画を策定した。パスファインダー計画では、越境データ流通において、消費者の信頼と事業者の信用を促進することを目的とし、複数のプロジェクトが提案された。

その具体的な結実が、2009（平成 21）年の APEC-CPEA（APEC Cross-border Privacy Enforcement Arrangement、越境プライバシー執行取決め）と、2012（平成 24）年の APEC-CBPR（APEC Cross-Border Privacy Rules、越境プライバシールール）である。APEC-CPEA は、データ保護機関相互の執行協力を定めるものであり、我が国は、2016（平成 28）年 12 月現在、個人情報保護法における主務大臣、全 16 省庁で参加しているが、改正法の全面施行に伴い個人情報保護委員会に集約されると考えられる（他の参加機関は米国連邦取引委員会、カナダプライバシーコミッショナー事務局等）。APEC-CBPR は一種の認証制度であり、統一的な認証基準に従って、各エコノミーに設けられ、CBPR の仕組みの中で承認された Accountability Agent（AA）が企業等の認証を行う。これによって、必ずしも個人情報保護制度においてコンバージェンスを達成することができなくとも、個別の企業等のレベルで、APEC 域内での一定のレベルが保たれるという試みである。我が国は、APEC−CBPR については既に加盟しており、AA については一般財団法人日本情報経済社会推進協会（JIPDEC）が認定されている。

CBPR が実際に機能するためには、①CPEA へのデータ保護機関の参加、②CBPR への政府としての参加、③AA の承認が全て行われる必要があり、現時点では米国と我が国のみがこの要件を満たしている。

CBPR の仕組みで認証された企業等については、個人情報保護

法24条で定められた外国にある第三者への提供の制限を受けないとされ（施行規則11条2号、ガイドライン（外国第三者提供編）3-3）、認証へのインセンティブが整いつつある。

　ウ　欧州評議会

　欧州評議会第108条約（Convention 108）、正式には「個人データの自動処理に係る個人の保護に関する条約（Convention for the Protection of Individuals with regard to Automatic Processing of Personal Data）」は、欧州評議会において1981（昭和56）年に署名し、1985（昭和60）年に発効した条約であり、データ保護の分野において拘束力のある唯一の国際的文書としての立場を保持してきた。

　欧州評議会の加盟国が主な批准国であるが、それ以外の国が批准することもできる（ウルグアイなど）。我が国も、欧州評議会の条約に参加している例があり（サイバー犯罪条約、受刑者移送条約）、第108条約への参加は理論上可能である。実際に、2011（平成23）年から開始された第108条約現代化（modernization）作業のためのデータ保護特別委員会（2013（平成25）年設置）には、我が国もオブザーバとして参加している。

　第108号条約は、特に唯一の拘束力ある国際的規範として、個人情報分野においては国際的水準の一つの指標とされている。現代化作業も含め、今後の改正において参照にされ、また、批准についても検討されることが想定される。

(3)　二カ国・地域間関係

　ア　米国

　米国の個人情報保護制度は世界的には特異であり、民間部門においては、包括的なデータ保護法を有していない。特別法として医療データに関する法律や子どものオンラインプライバシーに関する法

律が存在するが、最も広い範囲をカバーしているのは、消費者保護の文脈で捉えられる、連邦取引委員会法5条（不公正又は欺瞞的な行為又は慣行の禁止）である。米国では、連邦取引委員会がデータ保護機関として、同条の執行に当たるのが基本的なデータ保護の仕組みであり、Facebook、Google なども、連邦取引委員会の執行を受けている（第三者による長期間の監査が義務付けられるなどしている）。

　このように、米国は連邦法レベルでの包括的なデータ保護法を制定してこなかったが、オバマ政権はプライバシー保護に非常に力を入れ、2015（平成 27）年には、包括的なデータ保護法である、消費者プライバシー権利章典法案の公表に至った。もっとも、2017（平成 29）年2月現在、議会での成立の見込みはなく、トランプ政権の対応は全く予測不能である。

　前述のとおり、我が国国民の個人情報は、その多くを米国シリコンバレーの企業に握られているが、改正前の個人情報保護法も、米国における規制も、いずれも越境データ移転を制限するような条項をもたなかったことから、日米間では比較的自由にデータが流通していた。

　イ　EU

　EUのデータ保護制度は、その中核に EU データ保護指令（個人データの処理及び当該データの自由な流通に係る個人の保護に関する指令、"DIRECTIVE 95/46/EC OF THE EUROPEAN PARLIAMENT AND OF THE COUNCIL of 24 October 1995 on the protection of individuals with regard to the processing of personal data and on the free movement of such data"）を置く。EU 各国は EU データ保護指令に従って国内法を整備している。若干の例外はあるが、民間部門、公的機関を問わない、包括的なデータ保護法の形式で制定されていることが通常であり、プライバシーコミッショナー（独任制）

又はデータ保護委員会（合議制）の形で、政府から独立したデータ保護の機関が置かれる。世界的には、EU型のデータ保護の仕組みを置く国・地域が多い。

　我が国との関係では、EUデータ保護指令25条1項において、「十分なレベルの保護措置」を確保していない第三国への個人データの移転が禁止されていることが重要である。「十分なレベルの保護措置」を講じていることを認定するのは欧州委員会であり、これを「十分性認定」という。スイス、カナダ（連邦民間部門法）、イスラエル、ウルグアイ、ニュージーランド等が十分性認定を受けているが、我が国は十分性認定を受けておらず、今次の個人情報保護法改正は、十分性認定を受け、EU（及び十分性認定を受けた他の国・地域）からのデータ移転を円滑化することを一つの目標とした。十分性認定については、欧州のデータ保護機関の合議体である第29条作業部会が公表している文書や、今までの認定関係の公表文書からある程度の指標が推測されるが、多分に政治的であり、条約交渉のようなルールに縛られるものでもない（そもそもEUは、データ保護は人権マターであり通商マターではないと考えており、十分性認定は交渉ではないとしている）ことから、予測可能性は薄い。

　我が国のように十分性が認められていない場合、データの移転元と移転先の間で、欧州委員会が認めたSCC（標準契約約款）を用いた契約を行うか、BCR（拘束的企業準則）と呼ばれる、グループ会社におけるデータ保護の仕組みを包括的に認定するスキームを用いる、又はデータの本人の同意を取得することが必要である（2017（平成29）年2月現在、楽天株式会社がBCRの認証を得、株式会社インターネットイニシアティブがBCRの申請をしている）。もっとも、いずれの方策によるにせよ、個別の企業のコストとなるため、国として十分性認定を得ることは、世界中からデータを集積したパーソ

ナルデータの利活用を志向するのであれば、重要度の高い課題となる。EU からも、2017（平成 29）年 1 月、特に日本と韓国が優先順位の高い検討先であると公表されており、我が国と EU の十分性認定にかかる交渉は開始されたとの報道も存する。

　なお、EU データ保護指令に代わり、一般データ保護規則（個人データの処理及び当該データの自由な流通に係る個人の保護に関する規則、"Regulation (EU) 2016/679 of the European Parliament and of the Council of 27 April 2016 on the protection of natural persons with regard to the processing of personal data and on the free movement of such data, and repealing Directive 95/46/EC (General Data Protection Regulation)"）が成立しており、2016（平成 28）年 5 月 4 日に公布、同 5 月 24 日に施行された。実際に適用されるのは 2018（平成 30）年 5 月 25 日からである。これにより、EU 各国は原則として国内法化を待たずに一般データ保護規則を執行する体制となる。十分性認定については要件が規則中に詳細に明示された（45 条）ほか、越境移転の例外となる方法が加えられている（46 条及び 47 条）。

　米国は国としては十分性認定を受けておらず、「セーフハーバー取決め」による移転の十分性についても欧州司法裁判所で無効とされた（Maximillian Schrems v Data Protection Commissioner、Case C-362/14（2015（平成 27）年 10 月 6 日））。その後、欧州委員会と米国政府は越境移転スキームの交渉を進め、2016（平成 28）年 7 月 12 日には、見直し後のスキームであるプライバシー・シールド（EU-U.S. Privacy Shield）の十分性が認定されている。プライバシー・シールドは十分性が認められた「プライバシー原則」への遵守を米国商務省に届け出た企業に、個別に、EU からの個人データの移転を認めるものであり、プライバシー原則に反した場合、連

邦取引委員会法5条違反として連邦取引委員会が執行を行う。プライバシー・シールドでは、欧州司法裁判所判決でセーフハーバー取決めの無効の理由の一つとされた米国NSA（National Security Agency、米国国家安全保障局）による諜報活動にも一定の手当がなされている。

(4) データ保護機関の会合
ア　データ保護・プライバシーコミッショナー国際会議

(2)(3)はいずれも国家（政府）の国際的な関係に属するものであるが、データ保護機関間の最大の会合として、データ保護・プライバシーコミッショナー国際会議（ICDPPC）が存在する。あくまで政府から独立したデータ保護機関の集まりであるので、国家としての何らかの決定を行うものではないが、ICDPPCでは、「宣言」や「決議」が採択されている。例えば、2014（平成26）年の第36回会合では「モノのインターネットに関するモーリシャス宣言」が、2015（平成27）年の第37回会合では「遺伝及び健康情報に関するアムステルダム宣言」がそれぞれ採択されている。政府間会合で論点化される前に、ICDPPCで話し合われている論点は多く、データ保護分野におけるルール作りに参画するのであれば、データ保護機関が、ICDPPCの正式メンバーとして議論に加わることが不可欠である。

我が国からは、長らくオブザーバとしての参加が続いてきたが、2016（平成28）年の第38回会合（モロッコ）において個人情報保護委員会が正式メンバーとして加盟申請を行った。

第38回会合では正式メンバーのステータスは認められなかったが、改正法の全面施行後の2017（平成29）年には認められるであろうとの留保が付いており、第39回会合（香港）以降は、正式メンバーとしての参加が期待される。

イ　アジア太平洋プライバシー機関（APPA）フォーラム

　ICDPPCのほか、地域単位でのデータ保護機関の会合も存在し、我が国の機関（消費者庁、（特定）個人情報保護委員会）がオブザーバ参加してきた会合として、アジア太平洋プライバシー機関（APPA）フォーラムが存在する。カナダ、オーストラリア、ニュージーランド、韓国、米国等の機関が構成員であり、個人情報保護委員会は2016（平成28）年6月以降、正式メンバーとして参加している。

2 個人情報保護法のポイント

1 平成27年改正のオーバー・ビュー

　個人情報保護法は、個人の人格尊重の理念の下、個人情報の有用性に配慮しつつ、個人の権利利益を保護するためのものである（個情法1条、3条）。この趣旨を全うするため、取扱いによって個人の権利利益を侵害し得るものを保護対象として「個人情報」を定義し（個情法2条1項）、具体的な義務規定で民間部門の事業者におけるその取扱いを規律し、その適正性を担保している（個情法第4章）。本法は、これによって個人の権利利益侵害が生じることを防ぐという、いわば事前規制型のものである。

　今回の改正は、情報通信技術の飛躍的な発展に伴う利活用実態の変容等、個人情報が取り扱われる環境変化の中で、［1］利活用に関するデータ分析やマーケティング技術の進展、個人データの保存コストの大幅な低下に伴い、利活用できる情報及びその利活用方法の質的・量的な多様化を踏まえた、個人情報の有用性に配慮した制度整備が望まれたこと、［2］情報通信技術の発展に伴って、より容易に、瞬時かつ広範囲に情報が拡散していく現状を踏まえ、情報の不適切な取扱いによる個人の権利利益侵害を防止することが重要となっていることから行われるものである。

　これらの要請に応えるためには、①保護の観点からの期待と②利活用の観点からの期待の双方に対応しつつ、個人情報保護法を改正することが求められる。また、③保護・利活用の双方から導入が望ましい点も現れてくる。これに加えて、情報通信技術の発展スピードに鑑み、民間の自主規制を活用すべく、④個人情報の取扱いについて民間の取組みを助長するための制度や、⑤グローバル化に対応

するための、国際的な情報移転及び取扱いのための適切な規律が、保護と利活用の適正な制度枠組みを補完するために求められる。

かくして、個人情報保護法は、改正により統一的かつ明確な個人情報保護法制が構築されることを企図した。事業者によってはとるべき行動が明らかとなって個人情報の利活用が円滑に行えるような、個人情報の本人にとっては安心・安全に個人情報の提供ができるような、保護と利活用のバランスが図られたデータ流通・利活用の環境整備を目指したものである。

具体的には、まず、事業等を所管する各省庁が監督を行うという主務大臣制を廃止し、委員会に権限を一元化することにした。これによって、独立した第三者機関に個人情報に関する専門性が集中することとなり、個人情報の保護と利活用のバランスのとれた制度設計・運用が期待できる。また、法律上保護される対象をより明確化し、個人情報該当性の判断を客観化することによって個人情報の本人と取り扱う事業者にとって保護対象をわかりやすくすることとした。これによって、法的に適正な取扱いが求められるものと、事業者が消費者との関係に基づき配慮する情報とのすみわけが進み、事業者がパーソナルデータを利活用することへの躊躇がなくなり、メリハリを付けて個人情報を保護しつつ利活用することにつながることが期待される（**2**において詳述）。以上はいずれも、保護・利活用の双方の観点（③）から導入が望ましいとされた点である。

保護を強化する観点（①）からは、情報流通や事業者による個人情報取扱いの透明性確保と適正性の担保のための各種措置が講じられている。具体的には、差別・偏見等につながり得るような性質の情報が含まれる個人情報を「要配慮個人情報」として類型化し、その取扱いを規律すること、事前の本人同意を要せず個人データを第三者提供する特例（オプトアウト手続）への委員会の関与、司法救

済の機会を適切に確保するための開示等請求権の明確化等が行われている（**3**において詳述）。

　利活用を促進する観点（②）からは、適正な個人情報の取扱いについての新たな規律を設けることで安心して情報を流通させ利活用し得る環境整備がなされている。具体的には、個人情報を加工して、特定の個人を識別できなくするなどし、個人の権利利益侵害がその取扱いによって生じないようにしたものを「匿名加工情報」として新たに類型化し、一定の取扱い規律の下、本人の同意等の関与なく自由な流通・利活用を認めることや、利用目的の変更要件を緩和することとしている（**4**において詳述）。

　そして、これらの点を補完して、より適正な個人情報の取扱いがなされるよう、事業分野や取り扱う情報等の特性に応じた民間の自主的な取組みがより活性化するために（④）、認定個人情報保護団体における個人情報保護指針の作成手続への多様な立場の反映や所属団体への認定個人情報保護団体の監督権限の強化等、より現行制度が強化されている（**5**において詳述）。

　また、グローバル化に対応し（⑤）、本人保護を図りつつ滞りなく諸外国との間でデータの移転を実現するため、外国の事業者に対する我が国の個人情報保護法の適用関係を明確にするとともに、個人情報を外国の第三者に提供する場合のルールの明確化を図ることとしている（**6**において詳述）。

　個人情報保護法は具体的な制度の詳細を政令や委員会規則に委任している。これは、情報通信技術やウェブサービスの進展が著しく、全てを法律レベルで定めていては即時の対応が困難であること、日本企業のグローバル化に伴って情報の国境を越えた流通が増加する中では国際的な整合性を図ることも重要であることから、社会の変化に柔軟な対応ができるようにしているためである。また、

個情・番号法改正法附則12条3項では、「政府は……施行後3年ごとに、……新個人情報保護法の施行の状況について検討を加え、必要があると認めるときは、その結果に基づいて所要の措置を講ずるものとする」と規定しているところ、これは基本的に個人情報保護法の改正を伴い得る大きな主題について検討を行うことを想定したものである。施行令・施行規則のパブリックコメントへの意見総数が1043件、委員会ガイドラインのパブリックコメントへの意見総数が1135件であることをみても、個人情報保護法によって影響を受ける者の多さと関心の高さがうかがわれるところである。これらの者を取り巻く環境が刻々と変化するであろうことからも、法改正より機動的に対応可能な政令・委員会規則の改正やガイドラインその他の委員会からの情報提供は、適時適切に行われるべきである。平成27年改正に関する施行令の改正、施行規則の制定に対しては、専門委員（個情法69条）を任命し、専門委員会で議論が行われることも、それ以外の有識者会議等が委員会又は委員会事務局によって設けられることもなかった。しかし、行政における意思決定の透明性担保という観点や、個人情報保護法の影響が分野・業界を問わず多くの者に及ぶことから、今後は、委員会が組織として責任を有する場を設定し、特に法が制度的に予定する専門委員・専門委員会において議論がなされることが望まれる。

2　統一的かつ明確な個人情報保護法制構築のために

　個人情報を含むパーソナルデータは、情報の一種であるがゆえに、いったん本人が別の主体に伝えれば、拡散し得るものである。提供に際して当然に他者へ伝えられることとされているものもあれば、本人があまり意識していない場合もあるが、即時に、低コストで広がっていく。例えば、旅行代理店を通じてツアー旅行の申込み

をすると、代理店がチケットや宿を手配する過程で鉄道事業者や宿泊施設へと情報は移転される。SNSを利用して情報を発信すれば、プライバシー設定によっては世界の誰もがこれにアクセスでき、転載することもできる。

　このように、情報は、いったん取得されたのち、他者から他者へ移転され得るという特性を有している。個人情報に関しても、このような特性を前提として、どのような主体が取り扱う場合であっても、およそ権利利益の侵害が生じないように規律が設けられることが理想である。どの主体が取り扱う場合であっても同じく保護されることが保障されているからこそ、個人情報の本人は安心して他者に情報を提供することができるし、適切な規律により、本人が安心して情報を提供できる環境が整って初めて、事業者には多種多様かつ膨大な情報が集まる。適切な保護が図られ、これに対する個人の信頼がなければ、情報流通に支障が生じ、コミュニケーションを含む、実社会の活動が止まってしまうこととなりかねない。

　そのような問題が生じないようにするためには、まずは法全体を通じて何が保護されるのかが明らかであることが、また、個人情報の保護に関して統一的な法解釈・運用がなされることが望ましく、これがなされることによって、安定した保護法制の構築へとつながっていく。

　このような観点から、今回の改正では、保護対象である「個人情報」を明確化し、「個人情報保護委員会」を新設して一元的な法の運用、個人情報取扱事業者と匿名加工情報取扱事業者の監督を行うこととしている。これにより、利用者が安心して情報を提供でき、事業者は情報流通・利活用が可能な環境の基盤が整うものと考えられる。

(1) 個人情報とは何か？

　技術革新によってもたらされる恩恵は、生活を豊かにするものである。他方で、利便性と表裏一体のものとして、様々な問題が起こり得る。例えば、インターネットで商品を購入する際、商品購入サイトに会員登録すれば、氏名や住所、会員番号に紐付けて、クレジットカード番号、購入した商品や閲覧した商品やサイトの履歴がサイト運営者を中心に蓄積・管理される。会員登録していなくとも、商品購入サイトは、購入に用いた端末を、端末IDやCookieによって識別しており、通信もIPアドレスで管理されている。購入した商品や閲覧履歴は、サイト側が氏名や住所を把握してなくとも、これらのIDやCookie、IPアドレスに紐付けられて、蓄積・管理され得る。SNSを使って友人たちと交流を楽しめば、投稿した場所の情報、自分の心情、交友関係等がSNSを運営する事業者にはもちろん、閲覧者等の他人に保有され、拡散されることもある。これらの情報には、人の嗜好やプライバシーに関する情報や信用情報も含まれており、取扱いによっては経済的・精神的損害が発生することもあり得る。

　このように、情報通信技術の発展によるスマートフォンの普及等を背景として、本人から情報発信、事業者を含む他者による情報の取得、他者から他者への情報の転々流通が無数に起こっており、結果として膨大かつ様々な情報が各所で蓄積、管理され、また拡散されている。事業者が取得できる情報は、質的な多様化と量的な拡大をみせ、利用形態も複雑化している。

　技術革新に伴って、「個人情報」として取り扱うべきかが曖昧な情報が増えてきた。氏名・住所に紐付けられた情報が個人情報である、これは争いがない。前述の例でいえば、会員登録された上で保管されている購買履歴は個人情報の一部である。では、単純に氏

名・住所に紐付けさえしなければ良いのか。購買履歴や購入履歴が大量・詳細なものとなればなるほど、ある一人の者の行動は浮き彫りとなっていくのであって、それだけで具体的な人物を識別できるのではないか。また、それだけで具体的な人物を識別するに至らない履歴の集合であっても、IDが付されていれば、さらに連続して同一人物に関する履歴を蓄積することができるのであるから、付されたIDは単体でも個人情報として扱われるべきではないのか。顔写真に行動履歴を紐付けていれば個人情報であろうが、顔写真を、人間がみてもわからないが、機械では可読なベクトルデータに変換した場合はどうか。

　このような、技術革新に伴う、個人に関連する情報の取扱いの曖昧さについては「グレーゾーン」の拡大と呼ばれることがあり、ビッグデータの利活用を進めるに当たって、このグレーゾーンの存在が一つの障壁になっていると整理された。

　他方、消費者ら情報の主体からすると、ある事業者では個人情報として保護されるが、ある事業者は別の取扱いをしているとなると、安心して情報を提供できない、という心理的抑制が働く。

　そこで改正によって、個人情報の定義を明確化し、いわゆるグレーゾーンの問題を解決することが志向された。具体的には、事業者にとっては、何を「個人情報」として扱えば良いのか、本人にとっては何が「個人情報」として保護されるのかを明らかとして、利活用と保護のバランスが図られるようにするために、「個人識別符号」という類型を設け、これが含まれる情報が「個人情報」に該当することを明らかにした。

ア　個人情報とは？「特定の個人を識別することができるもの」とは何か？

　(ア)　「特定の個人を識別することができるもの」の意味するところ

　個人情報保護法は、「生存する個人に関する情報であって、当該情報に含まれる氏名、生年月日その他の記述等により特定の個人を識別することができるもの（他の情報と容易に照合することができ、それにより特定の個人を識別することができることとなるものを含む。）」を「個人情報」として保護すべき対象としてきた（改正前個情法2条1項。改正後は、個情法2条1項1号）。

　これは、取扱いによっては個人の権利利益を侵害し得るものを対象とする趣旨である。「個人」の権利利益侵害が認められるためには具体的な人物と情報との間に強い関連性が認められることが必要であることから、①本人が生きていること、②特定の個人を識別することができることを要件としている。

　「特定の個人を識別することができる（②）」の解釈と具体的にどのような情報がこれに当たるのかについては、解釈上の困難により、具体的な判断が固まらないことが指摘され、グレーゾーン問題が助長されてきた。

　「特定の個人を識別することができる」とは、情報単体又は情報に含まれる項目の組み合わせから、社会通念上、一般人の判断力や理解力をもって、生存する具体的な人物と情報との間に同一性を認めるに至ることができるものをいう。典型的なものとして、氏名や顔画像が挙げられる。これらは情報単体で明らかにある特定の人物を表しており、通常の人であれば、それらと、別のところに存在する氏名や顔画像を対照して、同じ人物であると認識することができる。また、氏名や顔画像以外でも、個人別に付された番号・記号

(Identifier。いわゆる ID)、住所、生年月日、性別等の情報単体又はその組み合わせから、通常人が具体的な人物の特定に至ると認められることとなる場合には、同様に同じ人物であることを認識することができる。

　個人情報該当性について、氏名が含まれること、又は氏名が割り出されることは必須の要件ではない。このことは、顔貌や指紋を想定すれば明らかであろう。これらの情報は各人に特有のものであり、酷似したものはあったとしても、それそのものが各人を表すものであるといえ、顔貌や指紋は特定の個人を識別することができるものであると考えられる。具体的な氏名がわかることは同一性の判断には不要である。

　このように具体的に考えてみると、データに氏名が含まれることは必須の要件ではなく、氏名が含まれない情報であっても個人情報になる（改正前個情法2条1項又は個情法2条1項1号は、「氏名、生年月日その他の記述等により」としており、文言上も氏名は必須ではない）。

　このように、個人情報は、一般人を基準として、生存する具体的な人物と情報との間に同一性を認めるに至り得るものであって、判断の相対化を認めない（なお、後述するように、「容易照合性」の要件は主体によって判断が相対化される）。したがって、個人情報を用いて名寄せを行えば、その人物の様々な情報を集めることができる。そして、不正に情報を集めたり、また、集めた情報を使って不適正な取扱いをしたりすることが可能である。これが、個人情報を保護する最大の理由である。例えば、既に詐欺被害を受けたことのある人のリスト（このようなリストは通称「カモリスト」等と呼ばれる）によって、詐欺や高額商品の不当勧誘がなされることで経済的損害が生じることがあるし、エステの利用履歴や、一定の主義・主張と密

接に関連する講演参加者といったリストへの掲載が第三者に伝わることによって、プライバシーや名誉が侵害され、精神的損害を生じさせることもある。また、このように名寄せされた情報によって、本人の知らないうちに誤った評価を受けることや、それによって不利益取扱いを受けることもある。かくして、「特定の個人を識別することができるもの」が保護対象とされ、個人の権利利益の侵害を防止すべく、適正な取扱いが義務付けられている。

　(イ)　社会通念の移り変わりと「グレーゾーン」の拡大に対して

　前述のような「特定の個人を識別することができるもの」の判断基準については、法改正による変更はないとされる。もっとも、判断基準に変更がなくとも、法制定から改正までの12年という歳月は、個人情報を取り巻く環境の変化を、そして「グレーゾーン」を生み出した。

　情報通信技術の急速な発展は、個人情報保護法制定当時には実現が困難であった方法によってパーソナルデータを取り扱うことを可能とした。大量の行動履歴を収集するSNSや、位置情報を活用したサービスが普及し、生体認証技術、画像認識技術も格段の進歩を遂げた。こうした技術的・社会的な状況の変化は、通常人においても、ある情報から特定の個人を識別することができる能力を飛躍的に高め、通常人が情報から具体的な人物につながると認め得る範囲の拡大に寄与している。このような、一般人における同一性認識能力の高まりを、どのように評価してパーソナルデータを取り扱えば良いのかにつき、事業者において判断に戸惑うとの声が高まってきた。これが、「グレーゾーン」の拡大である。

　以上のような状況に対応し、何が保護対象であるかを明確化することとされ「特定の個人を識別することができるもの」とは何かが整理されるとともに改正によって個人情報保護法に「個人識別符

号」という類型が設けられた。

　イ　新たな個人情報の整理　「個人識別符号」

　　㈰　「個人識別符号」とは何か？

　「個人識別符号」は、これが含まれる情報を「個人情報」とするものであり（個情法2条1項2号）、単体で「特定の個人を識別することができるもの」とは何かを整理しそのような性質のものを政令で定めることによって保護対象を明確化するものである。これにより個人情報該当性のうち判断が迷う部分の一定のものは客観化され、その判断を容易にすることができる（同条2項各号。その他にも、例えば、移動履歴など、詳細になればなるほど、その履歴の集合それ自体によって「特定の個人を識別することができるもの」と評価できる類型の情報があり、『パーソナルデータに関する検討会』でも単体で個人情報と評価できるかが議論となったが、どの程度詳細であれば良いのかなどを明らかにできず、「個人識別符号」として政令で定める対象としては考えられていない。このようなものは、引き続き、実際に履歴に含まれる情報の内容から判断がなされることとなる。なお、履歴の集積によって個人識別性が生じることを認めるものとして、ガイドライン（匿名加工情報編）3-2-5）。客観性の担保は、事業者が判断に躊躇することのないようにし、個人情報の本人については、提供する情報がそれ単体であっても個人情報として保護されるのかの予測に寄与する。そして、本人は、安心して情報を提供できるようになる。

　「個人識別符号」には一号個人識別符号（身体の一部の特徴をデジタル化した符号（個情法2条2項1号））と二号個人識別符号（個人がサービスを利用したり商品を購入したりする際に割り当てられ、又は個人に発行される書類に付される符号（同項2号））の2類型がある。

　この「個人識別符号」は、特定の利用者等が識別することができるように付されたものを対象とすることから、単に機器に付番され

るものはこれに該当せず、情報通信端末IDのようなものは除かれるとされる。ただし、この点については国会でも議論があり、EUやアメリカ等の諸外国での取扱いにも配慮する必要があるとされ、今後の技術進展や取扱い実態等によっては、特定の個人（端末利用者）を識別することができるものとして政令で定められることもあり得ることから、留意する必要がある（個人情報保護法は10余年の間改正されずにきたが、改正法には3年ごと見直し条項がある（個情・番号法改正法附則12条3項）。同見直し条項が、国際的動向、情報通信技術の進展等を勘案して、必要な措置を講じるとしている趣旨に鑑みて、政令の改正も適時に行われることが期待される）。

　(イ)　政令・規則によって「個人識別符号」とされる符号等
　　a　下位法令による対象の明確化

　個人識別符号を、政令で定めることとしている理由は、パーソナルデータを取り巻く環境が日々変容を遂げ、また、情報流通が国境を越えて行われるものであって保護対象の国際整合性の確保も求められることから、諸外国の状況を勘案しつつ、情報通信技術の進展や社会の変化に柔軟に対応するためである。法律に比べれば、その委任の範囲で定めることができる政令は、国会の議決を経る必要がないことから、機動的であるといえる。

　委任内容を具体化した施行令1条では、二号個人識別符号に関しては法令によって制度的に担保される符号等が明示され、明確化された（一部委員会規則に再委任されている）ものの、一号個人識別符号については同条1号の文言だけでは対象が判然としない。これは、一号個人識別符号が生体情報を対象とするところ、当該研究分野の進展は著しく、柔軟性をもった規定とすることが望ましいこと、技術的に高度な内容となるため政令で定めることに限界があること等が理由であろう。

このため、同号は、イからトまでに特定の個人を識別することができる身体的特徴を定め、これらの特徴をデジタル化した符号のうち、「特定の個人を識別するに足りるものとして個人情報保護委員会規則で定める基準に適合するもの」のみが一号個人識別符号であると限定した。この「基準」は、「特定の個人を識別することができる水準が確保されるよう、適切な範囲を適切な手法により電子計算機の用に供するために変換すること」（施行規則2条）とされ、実際にはガイドライン（通則編）において対象を明確なものとする努力がなされている。

　　b　一号個人識別符号について

　一号個人識別符号は、次の①から⑦までの個人に固有な特徴をデジタル化した符号等のうち、特定の個人を識別することができるものをいうところ、ガイドライン（通則編）も踏まえその要諦はそれぞれ次のとおりである。法令には表れない「認証」という用語が表れるが、これは、本人認証に用いるか否かにかかわらず、これに使えるレベルのもののみを施行規則2条の要件を満たすものとする、との委員会の見解を示していると考えるほかない。

　①　DNAの塩基配列

　DNAの塩基配列をA（アデニン）、G（グアニン）、T（チミン）、C（シトシン）の文字列で表記したもののうち、全核シークエンスデータ、全エクソームシークエンスデータ、全ゲノム一塩基多型（SNPs）データ、互いに独立な40箇所以上のSNPs（Single nucleotide Polymorphism）から構成されるシークエンスデータ、9座位以上の4塩基単位の繰り返し配列（STR）等の遺伝型情報により本人を認証できるもの

　②　顔貌

　顔貌特徴情報を本人認証するための装置等を用いて本人認証する

ことができるようにしたもの

　③　虹彩の模様

　虹彩の模様に赤外光等を用いて抽出した特徴情報を本人認証するための装置等を用いて本人認証することができるようにしたもの

　④　声紋

　声紋を話者認識システム等本人認証するための装置等を用いて本人認証することができるようにしたもの

　⑤　歩容

　歩容から抽出した特徴情報を本人認証するための装置等を用いて本人認証することができるようにしたもの

　⑥　手・指の静脈の形状

　手・指の静脈の形状に赤外光等を用いて抽出した特徴情報を本人認証するための装置等を用いて本人認証することができるようにしたもの

　⑦　指紋・掌紋

　指紋・掌紋から抽出した特徴情報を本人認証するための装置等を用いて本人認証することができるようにしたもの

　c　二号個人識別符号について

　二号個人識別符号としては、個人に発行されるカード・書類に記録された符号等について、法令に定めのある制度に依拠した符号等（要するに国が発行し、一般的に身分証明書として使われている書類の番号等）が定められており、次の図1の通りである。なお、8号の各種健康保険の被保険者証等の符号等については、委員会規則に再委任されている。委員会規則では、我が国国民皆保険の下にある全ての健康保険制度に関するものが定められているほか、外国政府の発行した旅券の番号その他特異なものもあり、具体的には図1に示した。

図1　二号個人識別符号の概要

該当号	個人識別符号	各号個人識別符号の制度的根拠
2号	旅券の番号	旅券法（昭和26年法律第267号）第6条第1項第1号
3号	基礎年金番号	国民年金法（昭和34年法律第141号）第14条
4号	免許証の番号	道路交通法（昭和35年法律第105号）第93条第1項第1号
5号	住民票コード	住民基本台帳法（昭和42年法律第81号）第7条第13号
6号	個人番号	行政手続における特定の個人を識別するための番号の利用等に関する法律（平成25年法律第27号）第2条第5項
7号	国民健康保険の被保険者証の記号、番号及び保険者番号 後期高齢者医療の被保険者証の番号及び保険者番号 介護保険の被保険者証の番号及び保険者番号	国民健康保険法（昭和33年法律第192号）第9条第2項 高齢者の医療の確保に関する法律（昭和57年法律第80号）第54条第3項 介護保険法（平成9年法律第123号）第12条第3項
8号（施行規則4条）	各種健康保険の被保険者証等の符号等 例：健康保険の被保険者証の記号、番号 健康保険の高齢受給者証の記号、番号及び保険者番号 国家公務員共済組合の組合員証の記号、番号及び保険者番号	健康保険法施行規則（大正15年内務省令第36号）第47条第2項 健康保険法施行規則第52条第1項 国家公務員共済組合法施行規則（昭和33年大蔵省令第54号）第89条
	雇用保険被保険者証の被保険者番号	雇用保険法施行規則（昭和50年労働省令第3号）第10条第1項
	外国政府の発行した旅券の番号	出入国管理及び難民認定法（昭和26年政令第319号）第2条第5号（施行規則で日本国政府発行の旅券を除いている）
	在留カードの番号 特別永住者証明書の番号	出入国管理及び難民認定法第19条の4第1項第5号 日本国との平和条約に基づき日本の国籍を離脱した者等の出入国管理に関する特例法（平成3年法律第71号）第8条第1項第3号

施行令 1 条 8 号は、前各号に定める符号等（ｂ①から⑦まで及び図 1・2 号から 7 号まで）に準ずるものを委員会規則で定めることができるとする。このことから、クレジットカード番号や携帯電話番号といった役務の利用又は販売される商品に関し割り当てられる符号等については、現在、一号個人識別符号及び二号個人識別符号として定められている符号等のいずれにも「準ずる」とはいえないため、これを個人識別符号として明確化するためには、施行規則で定めることはできず、施行令改正によって定めることが必要となる。

> **コラム 1　EU・米国における「個人情報」の定義**
> 　データは容易に国境を越えて流通する。自国民の個人情報が不適切に取り扱われることを懸念し、データの移転自体を制限する国・地域が存在するところであり、その場合、自国・地域と同水準の保護が保障されることが求められる（EU の十分性認定等（越境データ移転が許される「十分なレベルの保護措置」を備えた外国であるかどうかを欧州委員会が認定する手続。EU データ保護指令 25 条、一般データ保護規則 40 条参照）。個人情報保護法 24 条も同じような観点から設けられている）。そして、自国・地域と同水準であるかどうかを判断するに当たり、保護対象がそもそも異なるとすると、移転元国・地域の保護対象（＝「個人情報」とする）と、移転先国・地域の保護対象を比べ、両者の重なり合いのない部分には法の規制が及ばないため、同水準であるかどうかの判断において、いわば門前払いになる可能性がある。今後、個人識別符号をさらに政令で定める検討をするに当たっても、この観点は重要である。
> 　EU 及び米国の「個人情報」をみてみると、EU では、データ保護指令の解釈上、遺伝子データ、社会保障番号、携帯電話番号、クレジットカード番号、メールアドレス及び IP アドレス等が該当するものとされている（「個人情報とは、識別された又は識別することができる自然人に関する全ての情報を意味する。識別することができる個人とは、特に個人識別番号、又は肉体的、生理的、精神的、経済的、文化的若しくは社会的アイデンティティに特有な一つ又は二つ以上の要素を参照することによって、直接的又は間接的に識別することができるものをいう。」）。一般データ保護規則での定義は、位置情報や遺伝的アイデンティティへの言及を示すが、基本的に同様である。

> 　米国においては我が国の個人情報保護法に相当するような民間部門の一般法はないものの、2015（平成27）年2月に同国大統領府が公表した「消費者プライバシー権利章典法案」においては、指紋等の生体識別子、社会保障番号、携帯電話番号、メールアドレス、クレジットカード番号及びIPアドレス等が例示されている（「一般に『個人情報』とは、事業者のコントロール下にあるものであって、一般的に合法的な方法によって公開されている情報を除き、かつ、その事業者によって特定の個人に連結もしくは実際に連結可能な、又は日常的に利用されている機器に連結された全てのデータをいう。ただし、これら（注：該当条項には詳細な例示（限定列挙ではない）があり、これを指すもの）に限られない。」）。
> 　引き続き、諸外国の動向に注目したい。

　ウ　「容易照合性」とは何か？

　個人情報には、単体又はデータセットからは特定の個人を識別することができないものであっても、これを他の情報と容易に照合することができ（「容易照合性」という）、それにより特定の個人を識別することができるものが含まれる。これは、実際に情報を取り扱う事業者において、特定の個人を識別することが「可能な」状態であれば、その情報の取扱いによって当該特定の個人の権利利益が侵害されるおそれがあるためである（モザイク・アプローチ）。例えば、サービス提供のための会員IDは、それ単体では原則として特定の個人を識別することは難しいものと考えられるが（現時点では個人識別符号に一概に該当しないとされている）、事業者が、氏名、住所、生年月日等の情報を別途取得しており、サービス提供のための会員IDと氏名等の情報とが容易に照合できるのであれば、個人情報に該当するということである。

　それでは、この「容易照合性がある」とは、どのような状態をいうのか。「容易照合性」の要件は、法改正後も文言の変更はなく（個情法2条1項1号）、また、解釈の変更もない。「容易照合性がある」とは、それ自体は特定の個人を識別できない情報であっても、ある

事業者が通常の形で業務を行うに当たっての一般的な方法によって、個人を識別する他の情報との照合が可能な状態にあることをいうとされている。「容易照合性」は、ある事業者において、保有する各情報にアクセスできる者の存否、社内規約の整備等の組織的な体制、情報システムのアクセス制御等の技術的な体制等を基礎として総合的に判断されるものであり、取り扱う個人情報の内容及び利活用方法等を含め事業者の実態に即したケース・バイ・ケースの判断がなされる（「特定の個人を識別することができるもの」が一般人を基準として、相対性を認めない概念であるのに対して、「容易照合性」は事業者ごとに判断される相対的な概念であるといえる）。いくつかの例（ケース）を挙げる。

① 取得した情報を項目ごとに区分し、別々のデータベースに保存、照合して取り扱っているケース

事業者が氏名、住所、クレジットカード番号、購買履歴を取得した上で、(i)氏名と住所を一つのデータベースに、(ii)クレジットカード番号を別のデータベースに、(iii)さらに購買履歴を別のデータベースに保存し、データベース自体は分割されているが、(i)ないし(iii)のデータベースでは共通のIDを付してシステム上連携させていたとする。このように分離管理をして情報を取り扱っている場合であっても、それぞれのデータベースに保存されているデータについて、人物ごとにリストに共通のIDが付され、これをキーに、クレジットカード番号や購入履歴が特定の顧客に紐付く場合には、容易照合性があるものとして、別のデータベースに格納されているクレジットカード番号や購買履歴も個人情報に該当することとなる（購売履歴の集積が個人情報に該当する可能性は否定しない）。従業員がこれらの情報にアクセスして照合しながら情報を利用しているような場合が典型的なケースである。

②　取得した情報を項目ごとに区分し、別々のデータベースに保存しているが、照合が困難なケース

単に社内規約によってアクセス制限が課されているという場合については、具体的な業務において相当数が分離されたデータベースにアクセスできるなどの事情があれば、容易照合性は否定されない。

他方、例えば、事業者内部での照合が技術的に相当困難であるとか、独立したデータベースをそれぞれ別の担当者が管理し、双方のデータベースにアクセスできる者が、当該データベースの業務に関係ない者であって、システムの不具合に対応するためメンテナンスを行うなど、限定的な場面におけるシステム管理部門に限られているような場合等、事業者内部において通常の業務における一般的な方法で照合が不可能となっているものであれば、それを事業者として「容易に照合できる状態にない」と解釈されることはあり得る。なお、個人情報データベース等の一体性についての判断であるが、「異なるサーバーに、不統一の形式で保存されており、これを抽出するためのプログラムはないため、情報を抽出するためには、新たにプログラムを作成して抽出作業をする必要があり、それには約2か月の期間を要する」との事実認定の下で、異なるサーバーに存する「履歴情報」について、個人情報データベース等に該当しないとした裁判例がある（東京地判平成26年9月8日判例集未登載（判例秘書L06930574））。

③　複数事業者間でデータベースを連携しているケース

法制定当初に比べて、情報通信技術（特にネットワーク技術、仮想化技術等）が向上した現在では、①②のような単純なケースのみならず、法人単位を超えて日々膨大かつ様々なデータの照合が行われるケースがそこかしこにみられる。従業員レベルでは、そもそもそのようなデータの照合が行われていることすら気付かずに業務を

行っていることも稀ではない。「容易照合性」の判断はさらに難しくなっている。例えば、複数の事業者がその枠を超えて連携してサービスを提供しているような場合（OpenID 連携など）、業務上の連携や、サービス提供上のシステムの連携によって直ちに「容易照合性」が認められるものではないものの、一つのサーバに個人情報を保管し、適宜各事業者がアクセスしているようなことがあれば事業者間で組織的・経常的に相互に情報交換が行われているような場合であるといえ、「容易照合性」が認められると考えられる。

　このように、「容易照合性」の判断は事業者ごとの事情を基礎に総合的に行われ、事例に即したケース・バイ・ケースのものであることから、個々の事業者による判断が難しいという指摘がなされている。規範的要件であること、そして必ずしも十分に政府から具体的な事案に則した説明がなされてこなかったことから、事業者にとっては判断が困難であることは否定できず、勢い、安全側に倒した運用をせざるを得ないため、過度の規制のように受け止められていることがあろう。容易照合性については、ガイドライン（通則編）でも詳細な説明はなされていない。委員会においては、事業者からの事前の相談に対応し、これを公表するなどの活動（既に公正取引委員会の運用においては実績がある）を通じて、具体例を積み重ね、事業者が過剰な規制であると受け止めて萎縮することのないよう、継続的にわかりやすく説明することが望まれる。

　　エ　従来型個人情報と個人識別符号の関係
　情報通信技術の発展に伴い、取り扱われる情報の種類やその取扱い方法がともに多様化したことによって、法律上の義務を課せられる企業等や情報の本人が、どのような情報が個人情報に該当するかを判断することが難しくなったためこれに対応すべく個人識別符号が「特定の個人を識別することができ」個人情報に該当する情報で

あるとして規定され、明確化がなされた。しかし、施行令1条では、網羅的に「特定の個人を識別することができるもの」が定められているわけではない。例えば、第5回個人情報保護委員会（平成28年4月12日）の配布資料（資料2-1）では国家資格の登録番号が政令事項として挙げられていたが、実際には規定されていないし、また、虹彩は対象とされるが同じように生体認証で用いることが可能な網膜については規定がない。このように、個人識別符号は、明確化の要請の下に設けられたこと、また、法が罰則の適用もあり得る規制法であること、特にその規制を受ける個人情報取扱事業者にとって個人識別符号であると判別可能なものを規定すべきこと等の理由から、必要性・相当性を加味して限定的に定められたものであると考えられる。

　したがって、個人識別符号に該当しない情報であっても、特定の個人を識別することができるものであれば、従来型個人情報に該当

図2　改正後の個人情報

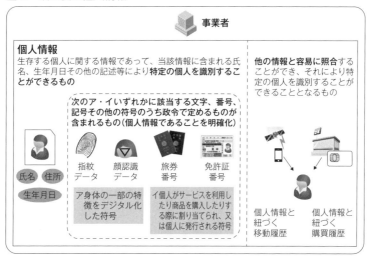

※ PD検討会第13回資料1・3頁に修正を施したもの。

2　統一的かつ明確な個人情報保護法制構築のために

することはこれまで通りである。また、それ単体では個人識別符号に該当せず、特定の個人を識別することができないものであっても、容易照合性があることによって特定の個人を識別することができるものについては、従来型個人情報に該当することについても当然である。

　例えば、認証用ではない顔画像のデータは、個人識別符号ではないが、「特定の個人を識別することができる」のであれば、個人情報に該当する。また、認証機器を用いたのではないカスタマーサービスで録音した人の声のデータは、個人識別符号ではないが、音声に特定の個人を識別できる情報が含まれるなどの事情があるか、会員IDによって氏名等と紐付けて利用するのであれば、個人情報に該当する。

　個人情報取扱事業者は、取り扱う情報が個人識別符号に該当しないとしても、拙速に個人情報保護法の対象外の情報であると判断することはできず、従来型個人情報該当性を丁寧に検討することが求められている。

　　オ　個人データと保有個人データ　規律のグラデーション
　　　㋐　規律のグラデーション
　個人情報保護法は、個人に関する情報のうち、特定の個人を識別することができるものを「個人情報（①）」、さらに、一定の要件を満たすものを「個人データ（②）」、「保有個人データ（③）」と区分して規律の対象とし、それぞれに求められる適正な取扱いを定めている。①個人情報については既に詳細に述べたところであるが、②個人データとは、特定の個人情報を、検索することができるように体系的に構成して取り扱っている個人情報のことをいう（法律上「個人情報データベース等」を構成する個人情報のことをいう。個人情報データベース等とは、システムや装置ではなく、体系的に整理して記録

されている個人情報を含む情報の総体のことである。なお、「等」とあるのは、コンピュータ上のデータベースのみならず、マニュアルデータベース、インデックスを付けた名簿等を含む趣旨である）。③保有個人データとは、個人データであって、取り扱う事業者が開示、内容の訂正、追加や削除、利用の停止、消去や第三者への提供をやめることができる権限を有しており（事業者が自ら取得した個人情報をデータベース化して利用しているような場合には、通常は、これらの権限が認められる。委託の場合には、契約によって委託先における個人情報の取扱いが限定され、委託先事業者の自由裁量で開示や訂正を行い得るということは考え難いため、委託先が取り扱う個人情報は、基本的に保有個人データに該当しないもの思われる）、かつ6か月以上保有しているものをいう。

　個人情報の取扱い形態によって求められる取扱いが異なることとしているのは、(i)データベース等は、通常データの相互利用や統合管理を図り、膨大な情報を蓄積、活用するために用いられるものであること（取扱いの多数）及び、(ii)データベース等が構築されることで、検索可能な形で個人情報を取り扱うことができることとなること（名寄せの容易性）による。個人情報について、データベース等に格納された状態（個人データ）で不適切な取扱いがなされると、多数の人間の権利利益に重大な侵害を生じさせる蓋然性が高い。かくして、個人情報保護法は、安全管理措置や取扱い主体の変更である第三者提供のような取扱いに当たって、個人データを対象として義務規定を定めているのである（なお、規制対象である「個人情報取扱事業者」についても、個人情報データベース等を事業活動に利用している者を対象とする）。

　保有個人データについては、一部の取扱いに関して、義務がかかる個人データに要件を加えるものである。保有個人データに課せら

れる義務は、本人に対する個別の対応が必要なものが中心であるが、このような事業者負担と、個人の権利利益保護の要請のバランスが図られている。具体的には、後述 3(6)にあるように、保有個人データは開示等請求の対象となるものであるが、開示等を行う以上、事業者はこれに対応するための開示等の権限を有していなければならず、かつ請求に対応する必要が認められるだけの個人の権利利益侵害のおそれがあるかという観点が求められる。このような配慮から、対象が限定されている。なお、保有個人データを対象とするその他の規律としては、保有個人データに関する事項の公表・求めの規律がある（個情法 27 条）。

(イ) 個人情報データベース等から除外されるもの

改正の前後で、個人データ及び保有個人データの定義について変更はないものの、個人データの定義に登場する前述の「個人情報データベース等」について除外規定を設けることとされた。改正前の個人情報保護法は、特定の個人情報を検索できるように体系的に構成されたものであれば個人情報データベース等に該当するとして、特段の除外規定は設けておらず、市販の電話帳、カー・ナビゲーション・システム、住宅地図や政府幹部職員の職員録等も含まれることとされていた（これらを構成する個人情報は個人データであるから、事業者はこれら市販の電話帳等を取り扱うに当たっても、個人データ取扱いの義務が課される。例えば、電話帳記載事項を他者に伝える場合には、原則として本人の同意が必要ということとなる（個情法 23 条 1 項））。

しかし、市販の電話帳等は、市中で堂々と販売・流通しているもので、実例をみても、本人の同意を得る、オプトアウト手続を整備するなどして適法に作成されて販売されている（例えば、株式会社ゼンリンの住宅地図は、申出により掲載を中止することができるとされ

図3　個人情報、個人データ及び保有個人データの関係

①個人情報
生存する個人に関する情報であって、特定の個人を識別することができるもの（他の情報と容易に照合でき、それにより特定の個人を識別できるものを含む）又は生存する個人に関する情報であって個人識別符号が含まれるもの

②個人データ
①のうち、個人情報データベース等（特定の個人を検索できるように体系的に構成したもの）を構成する個人情報

※利用方法からみて個人の権利利益を害するおそれが少ないもの（市販の電話帳等）は、個人情報データベース等の対象から除外する。

③保有個人データ
②のうち、個人情報取扱事業者が開示、訂正、削除等の権限を有するもの（6月以内に消去することとなるものを除く）

ている。なお、いわゆる名簿業者については別論である。後述するように、そもそも、名簿業者はその名称にかかわらず、実態はカスタマイズされたデータセットの販売業者であって、本節で適用除外とする対象とは性質が異なる）。それぞれの商品の取扱いとして想定される利用を購入者が行うのであれば権利利益の侵害のおそれは少ないであろう。また、事業者から市販の電話帳等が漏えいしたとしても、同様に権利利益侵害はほとんどないと思われる。このように、個人情報保護法では、改正によって、形式的には「個人情報データベース等」に当たるとしても、利用方法からみて個人の権利利益を害するおそれが少ないものについては、その対象から外すこととされた。

　除外される要件は、①一般的に市販されているようなものであるとともに、違法に作成されたものではないこと、②誰もがいつでも購入しようとすればできるものであること、③対象となるデータ

ベースに含まれる個人情報に関する情報を追加することなく、当該データベースが作成された本来の用途に使用されるものであること、の三つであり、いずれも満たす必要がある。これらの要件を満たし、個人情報データベース等から除外されるものとしては、一般的に市販されて流通している電話帳、カー・ナビゲーション・システムが考えられる。反対に、いわゆる名簿業者の名簿は、違法な行為によって作成されたものはもちろん、会員のみ購入可能であったり、個別にオーダーメードで作成されるようなものが多いと想定されることから、除外されるものではない。

なお、除外されるのはあくまで最終的な市販の電話帳等であって、電話帳等の元となっている個人情報データベース等についてまで適用除外になるものではない。つまり、例えば住宅地図の元データについて、これを用いて制作した住宅地図の販売による個人データの第三者提供に当たってオプトアウト手続を廃止して良いというものではない。あくまで、想定されているのは、流通する形態での市販の電話帳等である。

その他にも、市販のもののように転々流通することが当然のこととされていないものの、限られた範囲内で使用されるという性質から、権利利益侵害を起こしにくいのではないか、といわれるものに自治会名簿や同窓会名簿がある。法制定当時から、自治会や同窓会が構成員の名簿を作成しようとすると、個人情報保護法があることを理由として提供を拒否する者がいることから、何かしらの対応が求められてきた（いわゆる過剰反応問題の一例）。確かに、当初予定された構成員の間で構成員名、その連絡先等の個人情報を共有するといった取扱いで権利利益の侵害が生じることは基本的になさそうである。しかしながら、これらの名簿は、既に公になっているものではなく、構成員が勝手に持ち出して転売することや、個人情報を

管理している者の過失で漏えいした場合に個人の権利利益が侵害される危険性はなお存在するといわざるを得ない。自治会名簿や同窓会名簿を作成することが難しくなったというような事実上の問題はそれとして対応が求められるが、構成員間で名簿を作成し、連絡網として利用することは、その旨利用目的とするなど利用目的に関する規律に従い、かつ、第三者提供することについて本人の同意をとれば可能である。これらの名簿は施行令4条で除外されていないが、その取扱いについて必要な措置を周知していくことが重要である。

(2) 個人情報保護委員会

改正前個人情報保護法は、消費者庁が所管し、基本方針（「個人情報の保護に関する基本方針」、平成16年4月2日閣議決定）の策定及び推進といった、個人情報保護制度の全般にわたる企画を担い、執行等事業者の監督については各省庁がその所管する事業分野ごとに対象となる事業者へそれぞれ行うこととなっていた（主務大臣制）。これは、個人情報保護法が、民間部門において、営利・非営利を問わず全ての個人情報をデータベース化して事業活動に用いている者を対象としていることから、事業分野ごとの特質に配慮した運用がなされることが望ましく、また規律の実効性を確保するという観点からも、実態を一番把握しているであろう、事業を所管する大臣によることとされたものである（平成28年12月現在、主務大臣制の下、事業分野ごとに27分野38ガイドラインが策定されている）。

しかしながら、事業者が行う活動は、複数の府省庁等の所管分野にまたがる場合があり、その場合には複数の主務大臣による重畳的な監督が行われることとなる。また、主務大臣が明確でない分野（例えば、いわゆる名簿業者）については迅速な対応が困難であるとして問題視されていた。諸外国においては、EU加盟国をはじめと

図4 個人情報保護委員会の新設とその権限

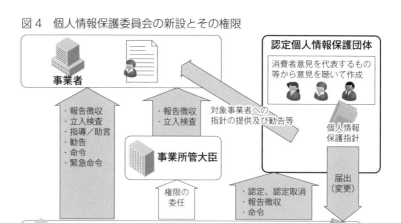

※ PD検討会第13回資料1・15頁に修正を施したもの。

して、パーソナルデータの保護を担当する独立した監督機関が設置され、公的部門・民間部門を、原則として分野を問わず広く所管していることが一般的であり、諸外国との間で滞りなくデータの移転を行うためには、組織面において整合性のとれた機関による交渉、執行協力等を行うことが必要であると指摘されてきた。

そこで、個人情報の保護に関する独立した監督機関として個人情報保護委員会を設け（番号法の特定個人情報保護委員会を改組）、主務大臣の有する権限を集約するとともに、立入検査を行うこと等権限を強化することとされた。委員会には、いわゆる過剰反応のようなこれまでに生じた問題を解消するとともに、情報通信技術の発展に機動的に対応することによって、個人情報の有用性に配慮しつつ、個人情報の適正な取扱いを確保していくことが期待される。

ア 独立性の高い機関による一元的な運用

個人情報保護委員会が個人情報保護法上の権限を集約し、一元的な監視・監督を行う機関として独立性の高い、いわゆる三条委員会

として設置される。「三条委員会」との呼称は国家行政組織法3条に基づく委員会であることを淵源とするが、個人情報保護委員会は内閣府設置法49条に基づく組織である（同条は国家行政組織法3条と同趣旨の条項である）。

　個人情報保護委員会は、専門的かつ政府から中立の機関であることから、営利・非営利、事業分野を問わず全ての事業者を対象とした規律の実効性を確保した監督等を行うことに適している。また、複数分野にまたがった事業活動について、複数府省による重畳的な執行を回避するとともに、偏りのない法執行によって各事業者における個人情報の適切な取扱いを担保し、併せて利活用等実際の事業者の活動について考慮し得るものである。

　具体的な所掌事務としては、①個人情報の保護に関する基本方針の策定及び推進、②個人情報・匿名加工情報の取扱いに関する監督と苦情の申出への必要なあっせん・事業者への協力、③認定個人情報保護団体に関する事務、④個人情報の保護及び適正かつ効果的な活用についての広報・啓発、⑤①～④の事務を行うための調査・研究、⑥国際協力等がある（個情法61条。その他、行政機関個人情報保護法及び独立行政法人等個人情報保護法の非識別加工情報の取扱いに関する監視又は監督並びに番号法に関する所掌事務がある）。

　これらは、統一的な法の運用と事業者の監督等に必要なものである。まず、基本方針を策定することによって、我が国の個人情報の保護についての施策を総合的・一体的に推進するためにその基本となる方向性を明らかにする。これに従って、委員会自らはもちろん、各省庁、地方公共団体、独立行政法人等や個人情報取扱事業者、認定個人情報保護団体らが具体的な取組みを進めることとなる（なお、閣議決定がなされるものであるため、直接的に拘束されるのは政府であるが、委員会や各省庁の施策等によって、他の主体においても取

組みが促されることとなる)。平成28年10月28日、法の全面施行にあわせて施行される基本方針の一部変更が閣議決定された。

　実際の日常業務を行うに当たって、個人情報取扱事業者及び匿名加工情報取扱事業者にとっては、法の解釈やケーススタディを掲載したガイドラインやQ&Aが重要なものとなる。これらガイドライン等を踏まえ、事業者は、自らの取扱いが適正なものであるかを確認しつつ、個人情報・匿名加工情報を取り扱っていくこととなる。

　主務大臣制の下では、主務大臣がそれぞれの事業分野ごとにガイドラインを定めていたが、改正によって法を所管する個人情報保護委員会において一元化されたことから、いずれの個人情報取扱事業者をも対象とする通則的なものとして委員会ガイドラインが定められ、その上で、必要に応じて専門分野について個別のガイドラインが定められることになる。「金融分野における個人情報に関するガイドライン(案)」等がそれである。

　また、委員会においては、新規事業の立ち上げによる個人情報保護法上の問題点の解消等のために法の解釈について相談を受けることや、個人情報や匿名加工情報の取扱いに関する苦情の解決を図るために、国民生活センター、消費者生活センター等と連携を図りながら対応することが想定される。

　その他、消費者庁においてこれまで行われていた広報・啓発活動の一環としての全国説明会を引き継ぎ、正しい法の理解を促進することによって、適切な個人情報の利活用と保護のバランスを図ることが期待される。

　イ　適正な個人情報・匿名加工情報の取扱いのための監督権限
　委員会の権限については、これまで主務大臣がもっていた権限を集約しつつ新たなものが追加されることとなった。
　個人情報取扱事業者と匿名加工情報取扱事業者(4(1)イ参照)に

は、不適正な情報の取扱いによる個人の権利利益侵害を防止する観点から各種義務が課せられている。個人情報や匿名加工情報の取扱いは私人間の問題であり、基本的には適正な取扱いを行うための事業者の自主的な取組みや本人関与（例えば、同意や請求権の行使）や苦情の処理を通じて義務が履行され、適切な情報の取扱いが担保されることが前提となる。しかし、悪質な事業者の存在や、当事者間で問題が解決できないような場合については、やはり監督機関による対応が求められる。

そこで、委員会に対し、①報告徴収、立入検査、②指導、助言、③勧告、命令及び緊急命令がその権限として与えられている（その他、直接事業者を監督する権限とは異なるものとして、［1］認定個人情報保護団体に対する認定、認定取消し、報告徴収及び命令、［2］外国執行当局への情報提供、［3］規則の制定等がある）。

これらは強力な権限であることから、委員会の立入権限の濫用その他、調査権限の行使についての懸念が聞かれる。事業者の正当な活動を不当に妨げることにならないよう、これらの調査は施行に必要な限度で行われなければならない。実際の運用に当たっては、何か問題が生じた場合、委員会は、事業者から任意に話を聴くなど、事実関係を精査し、必要に応じて報告徴収を行い、この報告徴収のみでは正確な事実関係の把握や必要な資料の収集が困難な場合等に立入検査を行うことが想定される。

　㋐　報告徴収、立入検査

報告徴収とは、委員会が個人情報取扱事業者や匿名加工情報取扱事業者に対して、各種義務の履行等に関して問題となっている個人情報や匿名加工情報の取扱いの改善等の検討に必要な範囲で報告を求めることをいう（個情法40条1項）。

立入検査とは、報告徴収と同じく必要な範囲について、実際に個

人情報取扱事業者や匿名加工情報取扱事業者の事務所や問題となっている事案に関連する場所に立ち入って質問やコンピュータ等必要な物件の検査を行うことをいう（同項）。なお、これを犯罪捜査のために行うことはできない（同条3項）。もし、個人情報取扱事業者及び匿名加工情報取扱事業者が報告徴収や立入検査を拒んだり、虚偽の報告をしたりした場合には、罰則の適用を受けることとなる。この立入検査の権限は、主務大臣には付与されていなかったものであるが、改正によって新たに委員会に付与された（番号法では従来から認められていた）。情報通信技術の発展に伴い個人情報が利活用される場面が増加し、個人情報の不適正な取扱いや漏えい等が発生する危険性は年々高まっている。誤操作や不正な持ち出しによって大量の個人情報が漏えいした場合、当該大量の個人情報は転々流通し、さらに流通先で不適正な取扱いが行われることが容易に想定される。情報通信技術の進展に伴う情報の拡散範囲の広がりや速さの上昇の中で、個人の権利利益侵害を未然に防ぐためには、問題を適時・適切に把握して対応し、実効性のある法執行を担保する必要がある。これが、委員会により強力な調査権限が与えられることとなった理由である。

　これらの権限は、個人情報取扱事業者や匿名加工情報取扱事業者が、その取り扱う個人情報や匿名加工情報を適正に取り扱っているかを調査、判断するための手段であり、通常は、本人からの苦情の申出等問題が生じているとの情報を受けて、行使される。実際の運用においては、任意に報告を受けること等も併せて、全容を把握することとなるものと考えられる。

　　(ｲ)　指導・助言

　指導・助言とは、個人情報取扱事業者又は匿名加工情報取扱事業者による自主的な問題解決が図られるように進言することであり、

報告徴収や立入検査と同様に、各種義務の履行等に関して問題となっている個人情報や匿名加工情報の取扱いの改善等の検討に必要な範囲で行われる（個情法41条）。事業者に自主的な改善の余地がある場合、あるいは、既に発生した問題の状況とこれへの対応からすると、勧告の要件である個人の権利利益を保護する必要があるとまではいえないものの、事後に適切な個人情報や匿名加工情報の取扱いがなされるよう、望ましい措置や対応を促すことが必要だと判断された場合に行使される。なお、これらについては法的拘束力がない。そのため、処分性は否定される。

㈦　勧告・命令・緊急命令

勧告、命令及び緊急命令については、義務が増えたことへの対応以外に要件等の変更はない。これらの権限は、個人情報や匿名加工情報の不適正な取扱いを是正することで、それ以降の個人の権利利益侵害を抑えるためのものである（つまり、既に発生した個別の権利利益の救済になじむものではない）。

勧告には、指導・助言と同様に法的拘束力がない。そのため、処分性は否定されるものの、自主的な解決を図るための進言にとどまらず、委員会が、個人情報取扱事業者や匿名加工情報取扱事業者に対して講じるべき措置を示し、これを実施するように勧めるものである（個情法42条1項）。任意の調査や報告徴収等を通じて自主的な解決が促されるが、これらによって問題が解決するような事案も存在する。個人情報取扱事業者や匿名加工情報取扱事業者による義務違反状態を放置しておくことによって個人の権利利益を侵害するおそれが高いような場合、委員会は義務違反を是正するために必要な範囲で勧告を行うことができる。

命令とは、個人情報取扱事業者又は匿名加工情報取扱事業者が勧告に対して正当な理由がないにもかかわらず応ぜず、個人の重大な

権利利益の侵害が迫っていると認められる事案について、講じるべき措置として勧告した内容の履行を命じることをいう（同条2項）。

緊急命令とは、勧告を経る時間的な余裕がないほどに個人の重大な権利利益の侵害の危険性が迫っている場合に、直ちに個人情報取扱事業者又は匿名加工情報取扱事業者に対して講じるべき措置を命じることをいう（同条3項）。

なお、個人情報保護法は、後述のデータベース提供罪を除いて、個別の義務違反に対しては、命令又は緊急命令に違反した場合に罰則を科すこととしている（間接罰。なお、報告徴収違反・検査忌避・第三者提供における確認事項の虚偽申告等については別途罰則が設けられている）。第一次的には民間における自主的解決が促されるが、解決が難しい場合に罰則によって担保された行政による執行等がなされるという制度となっている。

　ウ　事業所管大臣との関係

改正によって、主務大臣が有していた権限が委員会に一元化されることとなるが、個人情報取扱事業者・匿名加工情報取扱事業者に対する報告徴収や立入検査の権限については、緊急かつ重点的に個人情報・匿名加工情報の適正な取扱いの確保を図る必要があるなど、一定の事情がある場合に事業所管大臣（改正前個情法下の主務大臣に相当）に委任することができるとされている。

改正前個人情報保護法では主務大臣制の下、各事業分野の特色に則した実効性ある権限行使がなされることが期待されてきた。そこで、このメリットを引き続き生かすため、委任規定が設けられた。これは、各省庁が事業所管分野について有する専門的知見や、所管の事業者を監督するための体制を活用することが、個人情報保護法の執行を実効的なものとし、個人情報の適正な取扱いを確保するためにも有益であると考えられるためである。

具体的には、①緊急かつ重点的に個人情報・匿名加工情報の適正な取扱いを確保する必要があるといった機動性が求められるような場合又は②効果的かつ効率的に専門的知見を特に活用する必要がある場合に調査権限の委任が認められる（施行令12条）。

　①は、例えば、地方の事業者が同時多発的にサイバー攻撃を受けて信用情報等個人に大きな損害を生じかねない情報が大量に漏えいするケースのように、地方支分部局を有しない委員会では即時の対応が困難であるような場面が想定される。②は、各省庁が所管する事業分野に関する専門的知見や、所管する事業分野の事業者を監督するために有している体制を効果的に活用することが想定される。業法による監督が恒常的に行われているような分野がこれに該当し得る。

　なお、事業者から、事業所管大臣への委任規定が設けられたことによって、主務大臣制によって生じた重畳執行への懸念が払拭されないのではないかとの指摘があった。これについては、そもそも法令の解釈は、事業所管大臣ではなく、全て委員会において行うこととされており、また、事業所管大臣は委員会が委任することによってはじめて報告徴収及び立入検査のみ権限を有することになるにすぎないと応答されよう。また、同一の案件について事業所管大臣が複数存在する場合であったとしても、委員会が直接監督を行うことは妨げられておらず（施行令13条1項ただし書）、事業所管大臣に委任する場合であっても、一つの事業所管大臣に委任すること等によって、重畳的に報告を求められることのないように運用することができ、懸念については回避できると考えられる。

　また、事業所管大臣は、所管の事業者に個人情報保護法の規定に違反する行為がある場合や、事業者の個人情報・匿名加工情報の適正な取扱いを確保するために必要がある場合には、委員会に対し、

図5　規律と個人情報保護──個人情報保護委員会の権限

		報告徴収・立入検査	指導・助言	規定違反の場合の勧告	勧告不遵守への命令	緊急の場合の命令
個人情報取扱事業者の義務						
利用目的の特定（個情法15条）	取扱いに当たっての利用目的特定	○	○	×	×	×
	利用目的の変更制限					
利用目的による制限（個情法16条）	目的外利用の同意（事業承継を含む）	○	○	○	○	○
	目的外利用の例外					
適正な取得（個情法17条）	個人情報の適正な取得	○	○	○	○	○
	要配慮個人情報取得の同意					
取得に際しての利用目的の通知等（個情法18条）	取得時の利用目的通知等	○	○	○	○	○
	書面による個人情報取得時の利用目的の明示					
	利用目的変更時の通知等					
	通知等の例外					
内容の正確性の確保等（個情法19条）	データ内容の正確性の確保	○	○	×	×	×
	不必要なデータの消去					
安全管理措置（個情法20条）		○	○	○	○	○
従業者の監督（個情法21条）		○	○	○	○	○
委託先の監督（個情法22条）		○	○	○	○	○
第三者提供の制限（個情法23条）	第三者提供の同意	○	○	○	○	○
	オプトアウト手続（変更含む）	○	○	○	○	×
	第三者の例外（共同利用の変更含む）					
外国にある第三者への提供の制限（個情法24条）		○	○	○	○	○

項目	内容					
第三者提供に係る記録の作成等（個情法25条）	提供年月日・提供先等の記録の作成	○	○	○	○	×
	記録の保存					
第三者提供を受ける際の確認等（個情法26条）	提供者の氏名・住所等及び取得経緯の確認	○	○	○	○	×
	確認事項の記録の作成	○	○	○	○	×
	記録の保存					
保有個人データに関する事項の公表等（個情法27条）		○	○	○	○	×
開示（個情法28条）	開示請求	○	○	×	×	×
	事業者の開示義務と例外	○	○	○	○	×
	不開示の通知					
	他の法令による開示					
訂正等（個情法29条）	内容の誤りの訂正、追加又は削除請求	○	○	×	×	×
	訂正等義務	○	○	○	○	×
	訂正等し、又はしないことの通知					
利用停止等（個情法30条）	目的外利用、不正取得による利用停止・消去	○	○	×	×	×
	利用停止等義務と代替措置	○	○	○	○	×
	同意のない第三者提供の提供停止請求	○	○	×	×	×
	提供停止義務と代替措置	○	○	○	○	×
	利用停止等及び提供停止し、又はしないことの通知					
理由の説明（個情法31条）		○	○	×	×	×

開示等の請求等に応じる手続（個情法32条）	請求の受付方法等	○	○	×	×	×
	請求対象の特定と情報提供等					
	代理人による請求について					
	本人への配慮					
手数料（個情法33条）	手数料徴収	○	○	×	×	×
	合理的な手数料の定め	○	○	○	○	×
事前の請求（個情法34条）	事前の請求等	○	○	×	×	×
	請求到達のみなし					
	仮処分命令申立てへの準用					
苦情の処理（個情法35条）		○	○	×	×	×
匿名加工情報の作成等（個情法36条）	適正な加工	○	○	○	○	○
	加工方法等の漏えい防止措置					
	作成した匿名加工情報の項目の公表	○	○	○	○	×
	提供に係る公表と明示					
	識別行為の禁止	○	○	○	○	○
	安全管理措置等	○	○	×	×	×
匿名加工情報取扱事業者の義務						
匿名加工情報の提供（提供に係る公表と明示、個情法37条）		○	○	○	○	×
識別行為の禁止（個情法38条）		○	○	○	○	○
安全管理措置等（個情法39条）		○	○	×	×	×

適当な措置をとるべきことを求めることができる。これは、所管の業法によって監督を行う中で、業法違反と併せて個人情報保護法違反の事実等問題が発覚することが考えられるためである。これを受けた委員会は、事業所管大臣からの求めを勘案しつつ、必要な措置

を講じることとなる。

　このように、主務大臣制は廃止されるが、事業を所管する各省庁の利点を用いて、改正後も委員会が適切な監督を行い得るような制度とされている（なお、同様の観点から、地方公共団体の長等に対して、政令の定めによって委員会の権限及び事業所管大臣等に委任された権限を委任できることとされている（個情法 77 条））。

> **コラム 2　特定分野ガイドライン**
> 　個人情報保護法は、法所管・監督ともに個人情報保護委員会が権限を有することとされ、前述のとおり主務大臣制は廃止された。主務大臣制の下に、各省庁は、所管事業ごとに個人情報保護法ガイドラインを定めていたところ、これも同制度の廃止とともに委員会に集約されることが基本である。
> 　しかしながら、特定の分野においては、その事業の特殊性に鑑みて、これを踏まえた内容を定めることが、個人情報取扱事業者・匿名加工情報取扱事業者による個人情報・匿名加工情報の適正な取扱いを担保し得ることがある。また、業法による規制と切り離して個人情報・匿名加工情報の取扱いを定めることが難しい分野がある。
> 　このため、委員会と共管又は各省庁が単独で、各事業分野における個人情報保護法ガイドライン（以下「特定分野ガイドライン」という）を定めることとされた（なお、平成 29 年 2 月現在、いずれのガイドラインも案のみが公表されている）。ここでは、業界からの意見が多くあったと考える分野のガイドラインを取り上げ、特に留意すべき点を紹介する。
> 　1　金融分野における個人情報保護に関するガイドライン（案）・信用分野における個人情報保護に関するガイドライン（案）・債権管理回収業分野における個人情報保護に関するガイドライン（案）
> 　金融分野ガイドライン（案）は、ガイドライン（通則編）を基礎として、個人情報保護法 6 条及び 8 条に基づき、金融庁が所管する分野（金融分野）における個人情報について保護のための格別の措置が講じられるよう、その指針を定めたものであって、委員会と金融庁の共管の告示となることが予定されている。平成 29 年 1 月 13 日までパブリックコメントに付された。
> 　特に留意すべきなのは、要配慮個人情報を包含する「機微（センシ

ティブ）情報」という概念が設けられていることである。これは、要配慮個人情報に加えて、労働組合への加盟、門地、本籍地、保健医療及び性生活（要配慮個人情報に該当するものを除く）に関する情報（本人並びに国の機関、地方公共団体、適用除外の者及び外国にあるこれに相当する者）により公開されているもの、本人を目視・撮影することにより取得するその外形上明らかなものを除く）をいう。機微（センシティブ）情報は、個人情報保護法23条1項各号の事由のほか、次の場合を除き、取得、利用又は第三者提供を行わないこととされる。①源泉徴収事務等の遂行上必要な範囲において、政治・宗教等の団体若しくは労働組合への所属若しくは加盟に関する従業員等の機微（センシティブ）情報を取得、利用又は第三者提供する場合、②相続手続による権利義務の移転等の遂行に必要な限りにおいて、機微（センシティブ）情報を取得、利用又は第三者提供する場合、③保険業その他金融分野の事業の適切な業務運営を確保する必要性から、本人の同意に基づき業務遂行上必要な範囲で機微（センシティブ）情報を取得、利用又は第三者提供する場合、④機微（センシティブ）情報に該当する生体認証情報を本人の同意に基づき、本人確認に用いる場合である。また、要配慮個人情報のみならず、機微情報についてもオプトアウト手続を用いないこととされている。

　要配慮個人情報について、いわゆる機微情報であるとかいわゆるセンシティブ情報、と呼称されることがあったが、金融分野ガイドライン（案）の用語法（「機微（センシティブ）情報」に要配慮個人情報が含まれる）との混乱が予想されるため、今後は別異のものとして取り扱われるべきであろう。

　次に、信用分野ガイドライン（案）は、ガイドライン（通則編）を基礎として、個人情報保護法6条及び8条に基づき、信用分野における個人情報について保護のための格別の措置を講じ、与信事業者（割賦販売法2条1項～4項その他の物品又は役務の取引に係る信用供与を業として行う者）による個人情報の適正な取扱い確保のための指針を定めたものであって、委員会と経済産業省の共管の告示となることが予定されている。金融分野ガイドライン（案）同様、平成29年1月13日までパブリックコメントに付された。

　金融分野ガイドライン（案）と同じく「機微（センシティブ）情報」を定め、その取扱いについて、個人情報保護法23条1項各号の事由のほか、1②④の場合と、機微（センシティブ）情報が記載されている戸籍謄本その他の本人を特定できる書類を本人特定のために取得、利用又は保管する場合（官報に掲載された破産者の情報について、当

該破産者の本人確認を行うため、当該破産者の本籍地の情報を取得、利用又は保管すること等）を除き、取得、利用又は第三者提供を行わないこととされる。オプトアウト手続についても、金融分野ガイドライン（案）と同様である。

そして、サービサーガイドライン（案）（委員会及び法務省共管告示予定、平成 29 年 1 月 13 日までパブリックコメント）についても、同様に「機微（センシティブ）情報」の概念が取り入れられている（第三者提供の例外事由は微妙に異なる）。

これら、金融分野ガイドライン（案）、信用分野ガイドライン（案）及びサービサーガイドライン（案）の特徴は、業法の規制は別途参照されたしとのポリシーで規定されていることである。例えば、金融分野ガイドライン（案）の対象である貸金業者が遵守すべき貸金業法施行規則では、個人の資金需要者等に関する情報（10 条の 2）、返済能力情報（10 条の 3）、特別の非公開情報（10 条の 4）についての保護の規定が存在し、信用分野ガイドライン（案）の対象である事業者が遵守すべき割賦販売法にはクレジットカード番号の保護が定められているが（35 条の 16 以下）、これらに関しては別途、業法に関する規律を参照しなければならない。

2　電気通信事業における個人情報保護に関するガイドライン（案）

電気通信事業ガイドライン（案）は、電気通信事業者に対し、通信の秘密に属する事項その他の個人情報の適正な取扱いについてできるだけ具体的な指針を示すことによって、その範囲内での自由な流通確保・電気通信サービスの利便性向上を図るとともに、利用者の権利利益を保護することを目的として、個人情報保護法 4 条及び 8 条並びに電気通信事業法の関連規定に基づき定められる指針である。電気通信サービスとは、電気通信役務及びこれと一体的に提供されていて切り離すことができないサービス、事業者がこれの利用を前提としているサービス、これによって取り扱う個人情報と同じ ID で紐付けを行い、同じデータベースで管理するサービスをいうとされる。総務省単独の告示となることが予定されているようであり、解説の改正案とともに、平成 29 年 2 月 17 日までパブリックコメントに付されている。同様に総務省単独の告示となることが予定され、解説の改正案とともにパブリックコメントに付されたものとして、放送受信者等の個人情報の保護に関する指針（案）（放送分野指針（案））、郵便事業分野における個人情報保護に関するガイドライン（案）（郵便事業分野ガイドライン（案））、信書便事業分野における個人情報保護に関するガイドライン（案）（信書便事業分野ガイドライン（案））が存する。

委員会ガイドラインと共通する規律はその内容を反映して統一性を確保することとされた上で、いくつかの点で特色が表れている。例えば、詳細な契約者情報や位置情報等のプライバシー性の高い情報は、不必要な取得・利用を防ぐ観点から、努力義務として、引き続き利用目的の範囲を電気通信サービスに限定している。その他、電気通信事業ガイドライン（案）の解説では、委員会ガイドラインでは中小規模事業者に対する配慮がなされているところ、電気通信事業者に求められる措置は規模にかかわらず同じ規律が及ぶとされる。

　これら、電気通信事業ガイドライン（案）を含む4つのガイドライン（案）は、総務省単独の告示となることが予定されているようであり、委員会がその解釈に縛られるのかという不安がある。また、金融分野ガイドライン（案）等と異なり、業法の規制、中でも電気通信事業法における通信の秘密（同法4条）、郵便法における信書の秘密（同法8条）等が取り込まれた形となっていることが特徴である。

3　医療・介護関係事業者における個人情報の適切な取扱いのためのガイダンス（案）

　医療・介護ガイダンス（案）は、ガイドライン（通則編）を基礎として、個人情報保護法6条及び8条に基づき、民間の病院、診療所、薬局等による個人情報の適正な取扱いの確保に関する活動を支援するための具体的な留意点・事例を示すものであるとされる。委員会と厚生労働省の共管の告示となることが予定されている。平成29年3月1日までパブリックコメントに付されている。なお、医療・介護ガイダンス（案）の名称が「ガイドライン」ではなく「ガイダンス」である理由は不明である。

　匿名加工情報とは別に、学会における発表等での利用が想定される「匿名化」（安全管理措置の一環と解される）や、院内掲示による黙示の同意の取扱い等、医療・介護に特有の規定が設けられている。

　なお、「人を対象とする医学系研究に関する倫理指針」等の厚生労働省・文部科学省・経済産業省の共管によるいわゆる研究指針について委員会は名を連ねておらず、個人情報保護法のガイドラインとはいえないことに注意が必要である。個人情報保護法76条は同法の適用を除外する者を定めるが、この者に関する指針として定められるのが「指針」である。この指針に関係する者であっても、個人情報保護法の適用を受ける者については、別途委員会ガイドラインに対応しなければならない。また、研究指針は個人情報保護法の解釈を示すものではないことにも注意しなければならない。

3　安心・安全な個人情報取扱いの環境整備のために
(1)　小規模事業者の適用除外の見直し

　個人情報保護法上の義務を遵守すべき主体は「個人情報取扱事業者」であり、民間部門において、個人情報を、検索することができるように体系的に構成して事業活動に利用している者をいう（個情法2条5項）。

　個人情報保護法は、個人情報について、個人の人格尊重の理念の下に慎重に取り扱われるべきものであるとして、その適正な取扱いが図られなければならないという基本理念を掲げており、これはどのような主体が個人情報を取り扱う場合であっても変わらない。その一方で、法律上義務を課す主体から、私的な利用を行っている者を除き、そして零細企業を念頭にして取り扱う個人情報の数が少ない事業者（過去6か月以内のいずれの時点でも5000人以下の取扱いであることを要件としていた。改正前施行令2条）については、その取扱いによって個人の権利利益を侵害するおそれが低いものとして、規律の対象外としていた。

　法制定から10年余りが過ぎ、情報通信技術の発展によって個人情報を含むデータの発信・受信はともに簡便となり、およそ誰でもこれが可能となっていることから情報が拡散しやすくなっている。このことから、5000人以下の情報のみの取扱いであってもいったん情報が漏えいするなどした場合、不適正な取扱いとそれによる個人の権利利益侵害につながりやすくなっていると指摘されていた。また、諸外国ではこのような包括的な適用除外の規律を設ける例は稀であり、国際標準に合わないところがあった。そこで、この適用除外規定は改正に当たって見直され、これまで適用除外とされていた5000人以下の個人情報を取り扱う事業者へも本法の義務規定を適用することとされた。スタートアップ企業等においても同じ規律

図6 個人情報取扱事業者とは？

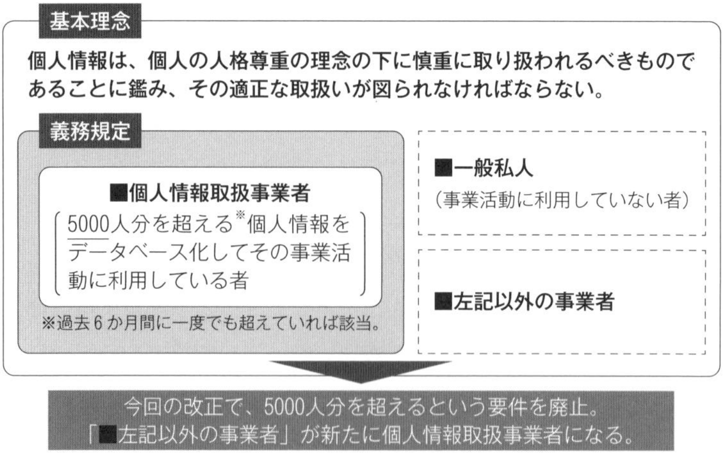

基本理念
個人情報は、個人の人格尊重の理念の下に慎重に取り扱われるべきものであることに鑑み、その適正な取扱いが図られなければならない。

義務規定

■個人情報取扱事業者
5000人分を超える※個人情報をデータベース化してその事業活動に利用している者
※過去6か月間に一度でも超えていれば該当。

■一般私人
（事業活動に利用していない者）

■左記以外の事業者

今回の改正で、5000人分を超えるという要件を廃止。「■左記以外の事業者」が新たに個人情報取扱事業者になる。

が課せられることになることから、対外的な信用を得やすく、データビジネス振興に資する側面があるとも考えられる。

　個人情報保護法は、取り扱う情報の内容や、その取扱い方に合わせて必要な義務の履行を求めるものである。新たに義務規定の対象となった者も、自ら個人情報の利用実態に合わせて法を遵守することが求められている。

　この改正により、個人情報の取扱いが5000人以下であったと考えられる小規模事業者（例えば、データビジネスに関わらないような個人経営のクリーニング店や自治会、小さな診療所のような医療機関）が新たに個人情報取扱事業者となることになる。

　法制定当時の議論では、個人情報の取扱いが少ない者は、その取扱いによって個人の権利利益を侵害するおそれが類型的に低いのではないかと指摘され、改正前個人情報保護法では、このような者が義務を課す対象から除かれていた。また、個人情報の取扱いに対する規制自体が新たな規制であったことも適用除外が設けられた理由

であったとされている。適用除外規定の見直しは、ビジネス環境の変化、情報通信技術の発展から、単に個人情報を取り扱う数によって個人情報取扱事業者から除外する理由に乏しくなったことからなされるものであるが、やはり、新たに義務が課されることとなる者にとっては、戸惑うところがあると思われる。

委員会は、このような者のために、ガイドライン（通則編）において、安全管理措置について一般的な義務・手法例とともに、小規模な事業者の特例的な対応を明らかにしている（3 1(2)参照）。

> **コラム3　いわゆる過剰反応問題**
>
> 　個人情報データベース等の適用除外の項で若干触れたが（**2**(1)オ(イ)）、個人情報保護法制定当時から、いわゆる過剰反応が問題として指摘されてきた。いわゆる過剰反応とは、個人情報保護法を理由として（実際に義務が課せられている対象や義務の内容とは無関係に）クラス名簿や自治会名簿への連絡先の掲載を拒む人がいること等、「個人情報であれば何でも保護しなければならないのではないか」、「個人情報を他人に渡してはいけないのではないか」、という誤解や戸惑いによって法の定め以上に個人情報の取扱いを控えてしまったことをいう。5000人以下の個人情報を取り扱う者を個人情報取扱事業者とすることにより、学校・PTA、自治会が法律の適用を受けることとなるため、これが過度の規制、負担と受け取られ、新たな過剰反応を生むのではないかとの意見があった。
>
> 　過剰反応の結果として主に現れているのは、クラス名簿や自治会名簿の作成ができなくなるのではないかという誤解であるが、名簿の作成は、法の定めに従えば可能である。例えば、利用目的を「いただいた氏名や住所、連絡先を名簿にしてクラス（生徒、保護者）に配布します。」などと定めてクラスに伝えることで、クラス名簿を作成することはできる。そして併せて、名簿をクラスに配布することを本人に伝えて同意を得ることで、クラス内での名簿共有もできる。クラス名簿を作成・共有する場合、利用目的及び第三者（クラスの他の構成員）への提供については生徒や保護者に説明し、同意を得ているものと考えられ、実際には現状に比して負担が増すものではないだろう。
>
> 　過剰反応への対応については、消費者庁が説明会、ホームページへの掲載やパンフレットの配布によって周知を行ってきた。今後は、委

> 員会が上記消費者庁の取組みを着実に引き継ぐことが望まれるほか、法に誤解や戸惑いが生じないように丁寧な説明を行っていくことが必要であろう。

(2) 要配慮個人情報

ア 要配慮個人情報とは何か？

(ア) 要配慮個人情報を設ける趣旨

「要配慮個人情報」とは、人種、信条、病歴等が含まれる個人情報をいう。このような情報が含まれるものは、本人に対する不当な差別や偏見といった不利益が生じ得ることから、特に慎重な取扱いが求められるものである（個情法2条3項）。我が国でも、多くの条例や各省庁が定めるガイドラインでは一定の個人情報について特別の取扱いが定められてきたところであり、また諸外国では一般的に「センシティブデータ」として、一定カテゴリのデータが概念として定められている。

要配慮個人情報の取扱いについては、後述するように個人情報取得についての同意取得が原則化されており、また、第三者提供についてもオプトアウト手続（(4)イ参照）によることができないとされている。

(イ) 対象となる項目

① 人種

「人種」とは、アイヌ民族、在日韓国・朝鮮人、日系何世というように、民族的・種族的出身や世系を意味する。国籍や肌の色等は含まれない。

② 信条

「信条」には、思想や信仰等、個人の内心の基本的な考えが含まれるが、思想や信仰を推知させる事実それ自体は含まれない。例えば、ある人がキリスト教に関する本を複数購入していた、というよ

うな情報は信仰を推知させる事実にすぎないものであって「信条」には当たらない。

③　社会的身分

「社会的身分」とは、同和地区の出身であること等、本人の意思によらない、また自らこれを変更し得ないような出自のことをいい、単なる職業的地位は含まれない（なお、「人種」「信条」「社会的身分」については、憲法14条の列挙事由でもあり、同条の解釈や判例が参考になる）。

④　病歴及びこれに準ずるもの

「病歴」には、がんに罹患している、統合失調症やパニック障害を患っていることというように、病気に罹患した経歴をいう。病歴を推知させる事実は含まれないことから、例えば、血圧や腹囲のような健康に関する諸情報や、血液検査の結果やレントゲン写真はこれに当たらない。風邪等の軽微かつ恒常的に多くの人間が罹患し得る疾病について、これに罹患した経歴を「病歴」として要配慮個人情報に関する取扱いを求めることは、これにより不当な差別や偏見が生じ得るのか、また、取得についての原則同意等の義務履行を求めることが事業者に過度の規制を求めるものでないかという点から疑問がある。このようなものについては、取扱いも含めた運用上の配慮が必要であると考える。

「病歴」に準ずるものとして、施行令2条で、［ⅰ］障害があること、［ⅱ］健康診断その他の検査の結果（遺伝子検査の結果を含む）、［ⅲ］保健指導、診療・調剤情報であって、病歴に該当しないものが定められた。

［ⅰ］障害があることとは、身体障害、知的障害、精神障害（発達障害を含む）といった心身の機能の障害をいう（施行令2条1号、施行規則5条）。

［ⅱ］健康診断その他の検査の結果（遺伝子検査の結果を含む）とは、医師、薬剤師、看護師、理学療法士、保健師といった医療に関連する職務に従事する者によって行われる疾病の予防及び早期発見のための健康診断その他の検査の結果をいう（施行令2条2号）。この検査には、医療機関を受診した際に行われる採血や内視鏡検査（人間ドックの結果等）、遺伝子検査（医療機関を介さないで行われたものを含む）等、事業者に法定される健康診断であるか否かにかかわらず、かなり広範な健康診断等の結果がここでは対象とされる。

　なお、健康診断等によって得られる結果である限り、身長、体重、血圧、脈拍、体温等の個人の健康におよそ関係する情報が全て含まれることとなるが、健康診断を受けた事実は含まれない。

　［ⅲ］保健指導、診療・調剤情報とは、ⅰ）健康診断等の結果、特に健康の保持に努める必要のある者に対し、医師又は保健師といった医療に関連する職務に従事する者が行う保健指導等の内容、ⅱ）病院、診療所等の医療を提供する施設において、医師、歯科医師、看護師といった医療に関連する職務に従事するものが行って診療の過程で得られる全ての情報（例えば、診療記録に記された情報）、ⅲ）病院、薬局等の医療を提供する施設において、薬剤師（医師又は歯科医師が自己の処方箋により自ら調整する場合を含む）が行う調剤の過程で得られる全ての情報（例えば、調剤録、薬剤服用歴、お薬手帳に記載された情報）がこれに当たる（施行令2条3号）。健康診断と異なり、保健指導等を受けた事実自体も含まれる。

　⑤　犯罪の経歴及びこれに準ずるもの

　「犯罪の経歴」とは、有罪判決が確定した事実（いわゆる前科）や犯罪行為を行った事実をいう。単に反社会的集団に所属しているとか、関係性を有するということは当たらないものと考えられる（その事実のみでは、犯罪行為を行ったことを推知させるとも言い難い）。

「犯罪の経歴」に準ずるものとして、施行令2条4号及び5号で、本人を被疑者又は被告人として、逮捕、捜索等の刑事事件に関する手続が行われたこと、本人を非行少年又はその疑いのある者として、保護処分等の少年の保護事件に関する手続が行われたこと（犯罪の経歴に該当しないもの）が定められた。

⑥ 犯罪により害を被った事実

「犯罪により害を被った事実」については、身体への障害、精神的、金銭的被害の区別なく一定の犯罪の被害を受けた事実がこれに該当する。いわゆるカモリストの流通を防止する趣旨も含まれ得る。

イ　要配慮個人情報の取扱い

改正前の個人情報保護法は、個人情報に含まれる情報の項目（例えば、氏名、居住地、性別、所属のようなものをいう）といった内容や性質にかかわらず、一律の取扱いを定めていた。要配慮個人情報は、その内容や性質に応じたより適切な取扱いを行うために、個人情報の取扱いを加重した一定の規律を定めている。

(ア)　要配慮個人情報を取得するに当たって

個人情報を取得する場合、あらかじめその利用目的を公表しているか、取得後速やかに本人に通知又は公表すれば、取得について本人から同意を得ることは必要とされていなかった（個情法18条1項）。

改正によって、要配慮個人情報については、本人の同意を得て取得することが原則化された（個情法17条2項）。これは、本人の意図しないところで当該本人に関する要配慮個人情報が取得され、それに基づいて差別的取扱いがなされることを防止するためである。要配慮個人情報が自由に流通して用いられることによって引き起こされ得る差別的取扱いとしては、病歴を取得してこれによって建物

賃貸借契約の締結を拒んだりすることや、社会的身分を理由として入会拒否すること等が考えられる。

とはいえ、規律を設けることで実社会の取扱い実態とかい離することとなれば、必要な情報の流通を阻害することとなりかねない。また、適正に公開されている情報を取得することが妨げられるのは不合理であろう。さらに、取得する当人ですら気が付かない間に要配慮個人情報を取得することについてまで一律に違法とされることにつながりかねないのではないかとの危惧もある。

そこで本人の意思に優先すべき必要性が認められる場合や、取得を制限する合理性がない場合については、例外的に同意を得ないで要配慮個人情報の取得ができることとされた（同項各号）。

具体的には、①取得手続が法定されているなど、法令に基づく場合、②緊急搬送された人間について他者に病歴を照会するなど、人の生命、身体又は財産の保護のために必要がある場合であって、本人の同意を得ることが困難であるとき、③公衆衛生の向上又は児童の健全な育成の推進のために特に必要がある場合であって、本人の同意を得ることが困難であるとき、④国の機関若しくは地方公共団体又はその委託を受けた者が法令の定める事務を遂行することに対して協力する必要がある場合であって、本人の同意を得ることにより当該事務の遂行に支障を及ぼすおそれがあるとき、⑤要配慮個人情報が、本人、国の機関、地方公共団体や個人情報保護法上の義務の適用を受けない者（報道機関、宗教団体、政治団体等。個情法76条適用除外参照）及び本人を除く外国においてこれらの主体に相当する者（施行規則6条）により公開されている場合であれば、本人の同意を得ることなく、要配慮個人情報を取得することができる。

①から④については、利用目的変更及び第三者提供についての本人同意原則の例外事項と同様の考え方によるものであって、本人の

意思に優先すべき利益や取得の必要性がある場合であり、⑤については適正に公開されているため取得を制限する合理性がないといえる場合である。例えば、インターネット上に自らのブログやSNSで、自己の信条について表明している場合（「本人」による公開）や、報道機関が警察の発表や取材により取得した情報を使って被疑者の前科について報道する場合（報道機関による公開）が考えられる。

　その他、これらに準ずる取得の必要性がある場合や、取得を制限する合理性がない場合について、要配慮個人情報の取得を原則同意とした趣旨、本人の権利利益侵害が生じる程度や取扱いの実態を踏まえて、政令に例外を定めることができるとされているところ、［ⅰ］目視・撮影によって外形上明らかな要配慮個人情報を取得する場合、及び、［ⅱ］委託、事業承継等、共同利用（個情法23条5項各号）に伴う要配慮個人情報の取得の場合が政令で定められた（施行令7条）。例えば、［ⅰ］については四肢の一部に障害があって目視でこれが明らかな場合が、［ⅱ］については業務委託によって要配慮個人情報を含む個人情報の取扱いを行う場合が考えられる。

　　(イ)　要配慮個人情報を第三者に提供するに当たって

　本人同意を得ない個人データの第三者提供の特例（オプトアウト手続）については、提供しようとする個人データに要配慮個人情報が含まれる場合には認められない（個情法23条2項）。これも、取得時の本人同意の原則義務化と同じく、本人の意図しないところでその本人に関する要配慮個人情報を取得され、それに基づいた差別的取扱いがなされることを防止するための制限である。

　そもそもオプトアウト手続は、大量のデータを提供しようとする事業者が本人から同意を得ることが負担であることから、データの

流通を確保するために個人の権利利益侵害が生じないよう一定の要件の下、事前の同意取得を不要としているものである。要配慮個人情報については、事前の同意を取得するべき本人の利益にデータ流通のための便益が優先するところはないことから、これが認められていないものと考えられる。

> **コラム4　労働安全衛生法の健康診断と要配慮個人情報**
>
> 　労働安全衛生法には、会社（同法上は、事業者（事業を行う者で、労働者を使用するものをいう）として定義される）が、従業員に対して健康診断やストレスチェックを行うことが義務として定められている。これらの結果は要配慮個人情報に該当する（ア(イ)④のうち、[ⅱ][ⅲ] が関連するが、以下で詳細を述べる）。すなわち、従業員に健康診断等を受診させる義務を負う個人情報取扱事業者は、不可避的に要配慮個人情報を取り扱うこととなるのである。
> 　実務対応の変更が求められるのか否か、懸念があろうことから、以下では複数定められる同法上の健康診断のうちの一部ではあるが、要配慮個人情報該当性、取得、提供に分けて説明する。
> 　① 　要配慮個人情報該当性
> 　例えば、労働安全衛生法66条の健康診断によって得られる結果（施行令2条2号（ア(イ)④の [ⅱ]））や、この健康診断の結果に基づく保健指導（労働安全衛生法66条の7）によって得られる情報（施行令2条3号（ア(イ)④の [ⅲ]））は要配慮個人情報として留意しなければならない。
> 　② 　取得
> 　労働安全衛生法66条の健康診断の結果は、健康診断個人票を作成し、保存する義務があり、また、この結果に基づく保健指導は、努力義務ではあるものの会社が主体となって行うこととされているものであるから、いずれの場合も法令に基づく場合として、本人の同意は不要である（個情法17条2項1号）。なお、医師等によって要配慮個人情報が取得されることについても、労働安全衛生法を理由として、本人同意は不要であると考える。
> 　③ 　提供
> 　労働安全衛生法66条の健康診断のうち、定期健康診断（労働安全衛生規則44条）については、会社は、その結果を、遅滞なく、所管労働基準監督署長に提出しなければならない（労働安全衛生法100

条)。この提供については、法令に基づく場合として、本人の同意は不要である（個情法23条1項1号）。
　なお、健康診断の結果を本人に通知することは、「第三者」への要配慮個人情報の提供ではない。

(3) 必要のなくなった個人情報はどうするか？
ア　不要なデータの消去

　個人情報取扱事業者が取り扱う個人情報について、取得時に定めた利用目的を達成したり、もはや利用されなくなったりしているにもかかわらず、将来何らかの目的に利用するために漫然と保存しているなど、明らかに「利用目的の達成に必要な範囲」（個情法16条。改正前個情法16条から変更なし）を超えた取扱いが行われているといえる場合には、保有していること自体が本来は違法であり、速やかな消去が求められる。しかしながら、事業者には、利用目的の達成やデータが不要になったことを本人に通知等する義務は課せられていない。また、クラウドコンピューティングの普及等、情報通信技術の発展に伴い、安価で簡単に膨大な量の情報が保有し続けられる状態にあることから、個人情報の本人には、自らの個人情報が利用されていないにもかかわらず保有され続けているのではないか、という不安が高まっている。このような指摘は、主として消費者団体からあったところである。

　前述のとおり、利用目的を既に達成している個人情報を漫然と保有し続けることは、もはや利用目的の範囲内での取扱いがなされているとはいえず、個人情報を保有し続けることは目的外利用として違法である（個情法16条）。しかしながら、事業者が個人情報の利用を必要とする場合は多岐にわたるため（例えば、個人情報を取得することとなったサービスや製品の顧客管理のために必要であるなど、取得時の目的に附随して取扱いを行う場合や、サービス提供との関係では利用

を終えた後、その事後処理等のために引き続き取扱いが必要な場合)、個人情報を保存していることが、上記のように明らかに利用目的の達成に必要な範囲を超えた取扱いに当たるとは直ちに認められない場合も多いと考えられ、違法か否かの判断は単純ではない。このため、実際には事業者の違反を問うことは難しいところがあった。

そこで改正によって、利用目的規制との関係では直ちに違法であるとは認められないような、利用目的を達成した場合等、それ以上「利用する必要がなくなった」個人データについて、事業者が遅滞なくこれを消去するよう努めることを新たに定めている（個情法19条）。

その趣旨は、必要のない個人データを保存し続けることで、ずさんな管理を招き情報漏えいにつながることや、内容が不正確であったり、利用目的との関係が曖昧となっている情報が漫然と保有されること、これらによる権利利益侵害をできる限り抑制することにある。また、個人情報の取扱いの透明性が確保されることで、本人の不安を解消することが期待される。

なお、データの消去について努力義務とされているのは、例えば経理処理やデータベースの管理、破棄のスケジュール等、事業者ごとの様々な実務上の都合から、これを遅滞なく消去することが可能であるとは限らないという事情に配慮したものである。

イ　消去が求められる場面

「利用する必要がなくなったとき」とはどのような場合か。これについては、個人情報取扱事業者が、①個人データを取り扱う際に特定した利用目的が達成され、その目的との関係では当該個人データを保有する合理的な理由が存在しなくなった場合や、②特定した利用目的が達成されなかったものの、事業自体が中止となった場合等が考えられ、事業者の取扱い実態に即して客観的に判断されるこ

ととなる。

> **コラム5　個人データの内容の正確性の確保**
>
> 　個人情報取扱事業者は、個人データを取り扱う限りは、事業者が定めている利用目的によっては、過去の一時点での情報がそのまま必要であったり、誤りを含めて履歴を残したりする必要もあり得ることから、その目的の範囲内で正確性最新性を確保するよう努めることが求められている。具体的には、個人データ入力時の照合・確認手続の整備、記録事項の更新等が考えられる。
>
> 　個人データの内容の正確性の確保については、利活用実態によっては修正がすぐには難しいなどの事情があることから努力義務規定とされている。とはいえ、個人情報を取り扱う以上、誤った事実関係を元にして何らかの判断やサービスの提供をすることやそれによって本人の不利益となることのないよう、事業者は配慮することが求められる。

(4)　個人情報を第三者へ提供することの制限

　ア　個人データの第三者提供をするには？

　個人情報保護法は、個人データの第三者提供について、原則として本人の同意を得ることを求める（個情法23条1項）。本人関与の仕組みを設けるのは、その方が権利利益侵害を防ぎ得ると考えられるためである。第三者提供は情報の取扱い主体の変更を意味することから、それまでと同様の取扱いがなされるとは限らない。そこで、提供される情報の内容（例：氏名、生年月日、住所、電話番号、購買履歴）、提供方法（例：CD-ROM、書籍、一事業者への売却）を踏まえてこの取扱い主体の変更を認めるか認めないかを本人が判断することとしている。本人同意は、本人がその内容を理解して判断することが必要であるが、「取得した氏名、住所及び電話番号は、カーナビゲーション・システム（CD-ROM）として販売します。以降、同商品の改訂版についても同様とします。」として包括的な同意を得ることや、医療機関が「患者本人への医療の提供のため、他の医療機関等と連携を図ること」という院内掲示を行って黙示の

同意を得ることも認められる。

　なお、例外的な場面として、①法令に基づく場合、②人の生命、身体又は財産の保護に必要で、同意取得が困難な場合、③公衆衛生・児童の健全育成に特に必要で、本人の同意取得が困難な場合、④国等に協力する場合であって、本人同意を得ることで事務遂行に支障を及ぼすおそれがあるとき（同項各号）、そして、単一の個人情報取扱事業者と同視できるものとして、⑤委託先への提供、⑥合併等に伴う提供、⑦グループによる共同利用（同条5項各号）があり、これらについて本人同意は不要である。

> **コラム6　原則同意の例外となる「第三者への提供」とは？**
>
> 　個人データを第三者へ提供するには、原則として本人から同意を得る必要がある。しかしながら、いずれの場面でも本人関与を優先し、これを保障することが不合理な場合もあり得ることから、例外が設けられている（前述アの通り）。
>
> 　法令による定めがある場合、当該法令は第三者提供の必要性や本人保護の観点も踏まえた上で定められていると考えられ、また、人の生命、身体や財産の保護のための必要であって本人同意を得ることが困難であるというのは、本人関与の必要性に比していずれかの者の権利利益を保護する要請が高い場合である。このように、同意の例外事由には、それぞれ、定めるべき必要性や合理性がある（個情法23条1項各号。これら例外事由は改正されていない）。
>
> 　個人情報保護法は、ほかにも本人同意の例外として、①委託先への提供、②合併等に伴う提供、③グループによる共同利用を定めている。これらは、個人データを取り扱う主体とは別の者であるが、法律上、「第三者」に当たらない、とされる。そもそも、第三者提供について本人同意が必要とされるのは、これが個人情報の取扱い主体の変更であって、受領者がどのような取扱いをするのか定かではないことから、本人の関与を認めることによって個人の権利利益の侵害を防止しようとするところにある。そこで、形式的には第三者ではあるが、提供元と同じく考えることができる者については、このような危険が類型的に低いことから例外とされている（同条5項各号）。
>
> 　委託先への提供については、提供元である委託元には、受領者である委託先に対する監督責任（個情法22条）があるため、委託元を通

じて、個人情報保護法に則った適切な情報の取扱いがなされることとなる。合併等に伴う提供については、提供元の個人情報取扱事業者が定めていた利用目的の範囲内での利用しか認められないため（個情法16条2項）、本人の利益状況の変更は小さいといえる。また、共同利用については、共同利用者の範囲、利用する情報の種類、利用目的、情報管理の責任者の名称等について、あらかじめ本人に通知するか、本人が容易に知り得る状態に置くことが要件となっており、本人の認知できない主体が予期しない情報の取扱いを行い得るものではないことから、事業者の便宜も図りつつ例外とされている（例えば、グループ企業内で一体として総合的なサービス提供を行うような場合に用いられている）。

なお、個人がブログ（あるいはSNS）に自らの情報や他人の情報を書き込んで公開するような行為は、基本的には当該ブログ等運営者による「第三者への提供」に当たらないものと考えられる（なお、ガイドライン（確認記録義務編）2-2-1-1(2)において、第三者提供に当たるようなケースがあることが認められているようである）。個人が書き込んだ内容がそのまま公開されるような場合には、ブログ等運営者はツールを提供しているにすぎず、公開される内容について何らの権限も有しないといえ、ブログ等運営者による「第三者への提供」とはいえないものと考える。

他方で、ブログ等を運営する事業者が、公開されていないブログユーザーの個人情報を、広告配信を行いたい企業や、マーケティングに活用したい企業に提供したりする場合には、事業者による第三者提供に当たると考えられる。

　イ　オプトアウト手続による第三者提供──届出制・委員会公表の導入

前述アに掲げた例外のほか、本人保護を図りつつ、大量のデータを広く一般に提供するビジネス（例えば、住宅地図や電話帳）を念頭に、改正前の個人情報保護法においては、本人の求めに応じて提供を停止することとして、あらかじめ、①第三者提供を利用目的とすること、②提供される個人データの項目、③提供方法、④本人の求めに応じて提供停止することを本人へ通知（例えば、電話やメール）し、又は本人が容易に知り得る状態に置くことで（例えば、ホーム

ページへの掲載)、事前の本人同意なく個人データの第三者提供を行うことができた(②③が変更される場合も同様。以下「オプトアウト手続」という)。

オプトアウト手続による第三者提供は、この手続を用いる事業者が、業種、事業規模等が様々であり、本人への通知又は本人が容易に知り得る状態に置かなければならないとする法の要請に必ずしも適っていないのではないかと指摘があった(具体的には、ホームページに単に掲載されていることが問題視された)。

また、適切な対応を行っている事業者がいる反面、大手通信教育事業者からの大規模な情報漏えい事件の中で耳目を集めた名簿業者のように、形式的にオプトアウト手続を備えているが、そもそもの出自が不当な個人データの取得であるために、実際には本人がそれを認識できないところで個人データが転々流通し、オプトアウトの権利を行使することは事実上不可能な場合がある。

そこで、オプトアウト手続を用いる個人情報取扱事業者に、前述①から④に加え、⑤求めを受け付ける方法を本人に通知し、又は本人が容易に知り得る状態に置くことを義務付け、委員会に対して、前述①から⑤の事項を届け出させることとした(個情法23条3項、なお、平成29年3月1日より、施行に先んじて委員会への届出が可能である)。そして、委員会が届出を受けた内容を、具体的な事業者名とともに、ウェブサイト等に一覧性をもって掲載するなどして公表することとされた(同条4項)。これによって、オプトアウト手続による第三者提供を行う個人情報取扱事業者を把握し得る機会が広く提供され、これを確認できる環境が整えられる。本人のオプトアウトの実効性が高まることとなる(もっとも、自らの情報がオプトアウトの対象となっているかについては、事業者に開示請求を行うこと等によって確認する必要がある)。施行規則では、通知又は容易に知

り得る状態に置く措置について、本人が提供の停止を求めるのに必要な期間を置くこと（施行規則7条1項1号）及び、前述①から⑤の事項を「確実に認識できる適切かつ合理的な方法によること」（同項2号）が定められた。全く本人があずかり知らぬところで個人データを売買する名簿業者は実質的にはこれを遵守することが不可能であろう。なお、公表以外の方法により通知又は容易に知り得る状態に置いた場合には、別途インターネットの利用その他の適切な方法による公表が義務付けられた（施行規則10条）。前述①から⑤の事項の委員会への届出については、オンライン又は光ディスクの提出によることになり、オンラインでのシステムが整備される前は光ディスクの提出によってのみなすことができる（施行規則7条2項各号、施行規則附則2条）。外国にある個人情報取扱事業者は、国内に代理人を置き、委員会への届出の際に委任状（翻訳文付）を提出することが求められる（施行規則8条）。

　委員会は、オプトアウト手続についても個人情報取扱事業者を監督し、手続違反やその違反があるにもかかわらず提供が行われている場合には、適切に執行等を行うことになる。例えば、そもそも個人情報の第三者提供を利用目的としていなかった場合には、利用目的制限との関係から違法であり（個情法16条）、勧告、命令の対象となる。また、本人からの求めがあったにもかかわらず第三者提供を続けた場合や本人への通知等を怠って第三者提供を行った場合、その他無届や虚偽の届出の場合には、本人同意を得ていないものとして（個情法23条1項）、勧告、命令の対象となる。オプトアウト手続が適法に行われていない場合（同条2項・3項）にも、手続の改善につき勧告、命令の対象となる。委員会が届出を受けた者を適切に監視することや、本人からの苦情の申出等を受けてあっせん、事業者への適切な監督を行うことによって、現実に本人が関与の実

効性が担保されたオプトアウト手続が保たれていくと考えられる。

(5) 適正な情報流通を図るための措置

平成26年に発覚した個人情報の大量漏えい事案（大手通信教育企業の顧客情報（個人情報を含む）が不正に持ち出され、名簿業者経由で他の事業者に漏えいした事案。この企業のデータベースシステムの保守・管理委託先に派遣されていたシステムエンジニアが不正競争防止法違反の容疑で起訴され、一審では有罪になっている。東京地立川支判平成28年3月29日判例集未搭載（判例秘書L07130649））をきっかけに、不正に持ち出された個人情報が複数のいわゆる名簿業者を介して転々流通することへの国民の不安がある。個人情報の受領者が、不正な持ち出しによる個人情報であると知りながら取得した場合であれば、不正の手段による取得として違法であるといえるが（個情法17条1項）、提供者が取得元を明かす義務や受領者が適正な取得によるものであると確認する義務もないため、拡散していく個人情報についてこれを防ぐ仕組みがなかった。このため主務大臣は、不適正な流通が懸念される場合には端緒から一つひとつ事業者をさかのぼって確認しなければならなかった。また、個人情報取扱事業者は、個人情報の取得元や提供先を保存する義務も、保有個人データの一部を構成していない場合には、これを本人に開示する義務も負っておらず、例えば、アプリやSNSのサービスで、どの事業者にどのような情報が流通していくのか、その実態を把握することは利用者本人にも難しいところがある。

このように、問題の把握やこれが生じた際の調査には、多大な労力を伴う。

そこで、不正な個人情報の流通を抑止しつつ、個人情報の漏えい等の問題が発生した際に、委員会が、個人情報の取得経路について迅速に把握することができるように、トレーサビリティを確保し、

図7　適正な情報流通を図るための措置

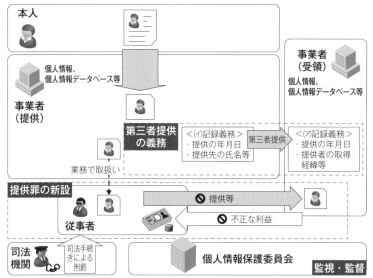

※ PD検討会第13回資料1・9頁に修正を施したもの。

国民の不安を払拭するために、①個人データの第三者提供時の記録等、②本人以外の者から個人データを受領する際の確認と記録、③データベース提供罪が新設されている。

ア　トレーサビリティの確保のために

(ｱ)　第三者提供に際しての確認と記録

個人情報の漏えい等の問題が発生した際に、委員会が、個人情報の取得経路について迅速に把握することができるように、トレーサビリティを確保することを目的として、次の規律が新設されている。具体的には、個人データを第三者に提供するに当たって、①提供しようとする者が個人情報取扱事業者である場合は、日時や提供先に関する記録の作成をし、これを保存することを義務付け（個情法25条）、また、②受領しようとする者が個人情報取扱事業者であ

る場合は、日時や提供者に関する記録の作成をし、これを保存することを義務付けるほか、個人データを受領する者に対し、提供者による取得の経緯を確認し（このとき、データを提供する者は、確認事項について偽ってはいけないこととされている）、その記録を作成・保存する義務を課している（個情法26条）。そして、これによって不正の手段により入手された個人情報が取得され、転々流通することの防止に資するとされている。

この義務は、不正流通の抑止と流通過程のトレーサビリティの確保が目的であることから、第三者提供を適法たらしめる根拠によって、規律の適用は変わらない。つまり、第三者提供について本人の同意を得ているものであるか、オプトアウト手続によるものであるかにかかわらず、履行しなければならない（要するに、本人の同意があっても、事業者は本義務を免れるものではない）。他方、個人データの第三者提供の例外として規定される委託や共同利用等の場合（**コラム6**参照）は、この義務の対象とはならない。

なお、外国にある第三者への提供については、個人情報保護法24条との関係で、別に規律されている。すなわち、提供に際しての記録義務については、外国にある第三者に個人データを提供するためには、日本と同等の個人情報の保護水準と認められる国である場合か第三者が同等の保護措置を講じている場合でなければ、委託、合併等に伴う提供及び共同利用を理由として義務を免れることはできない（同条の適用を受ける場合をいう）。他方、我が国において法の適用対象ではない事業者の、外国における個人データの受領については、そもそも適用がない。**6**参照）。

これまで、不正流通の抑止は、個人情報の取得に関する規律をもって行われてきた。すなわち、個人情報保護法は17条1項で、不適法・不適正な手段によって個人情報を取得してはならないこと

としており、これに反した場合、行政による監督と本人からの利用停止等の求めによって、不適正な取得による個人情報が消去されることによって、不正流通が是正される。個人情報取扱事業者が、不正に入手された個人情報（例えば、盗まれたものや漏えいしたもの、取得目的を偽って収集したもの）であることを認識しながら取得する場合には、不正の手段による取得に当たることから違法であるとされる（同項。改正前個情法17条から変更なし）。そのため、取得経緯の確認により提供者が不正に入手したものであることを認識した場合には、その個人データを取得できないこととなる。

しかしながら、前述の大手通信教育企業の漏えい事案では、名簿業者が不正に流出した個人情報であるか否かについての認識を否定しているようであり、このような認識を名簿業者が有していたかについて、改正前の個人情報保護法の規律では明らかにすることが困難であることが指摘された。このことから、個人情報保護法は、改正によって、受領者に確認義務を課し、確認に係る記録を作成・保存させることによって、事後的にその記録を用いて個人データが不正に入手されたものであると受領者が認識していたのかどうかを明らかにすることを容易にしている。

不正に入手された個人情報であるとの認識をもって取得をしていた場合には、委員会の監督による是正の対象となる点、改正による変更はない。個人情報取扱事業者が、そのような認識をもっていたか否かを調査する際には、委員会はトレーサビリティ義務による記録を参照することになる。なお、トレーサビリティ義務による記録は、保有個人データの一部をなしていれば本人からの開示請求の対象となる。本人は、これを元に不適正な個人情報の取得を理由として消去や利用の停止を請求することが可能である（個情法17条1項、30条1項）。

3 　安心・安全な個人情報取扱いの環境整備のために

個人情報取扱事業者が提供・受領に際しての確認や記録等義務を怠った場合には、委員会は、報告徴収や立入検査を行うなどして必要な事項を調査した上で、指導・助言を行うことや、必要に応じて違反を是正するために勧告・命令がなされる。
　(イ)　確認・記録の対象及びその内容
　記録の作成方法や記録すべき事項については、具体的なところを委員会規則で定めることとされており、提供者たる第三者提供を行う個人情報取扱事業者について施行規則12条から14条までに定め、受領者たる第三者からの提供を受ける個人情報取扱事業者について施行規則15条から18条までに定めがある。
　　　a　確認・記録が不要とされる個人データの第三者提供
　個人データの第三者提供は特別な行為ではない。取得した個人情報を用いてデータベースを構築し、その全部又は一部を第三者へ提供する場面は様々考えられる。例えば、名簿を作成し、これを販売することは個人データの第三者提供であるし、企業が名刺管理をクラウドで一元的に行っており、その中のデータを別企業の人間へ伝えることも個人データの第三者提供である。また、クレジットカードの決済において、加盟店が会員登録を行ってクレジットカード番号を含めて個人情報を取り扱っている場合に、アクワイアラーへ決済のためにデータを送信すること等、本人と個人情報取扱事業者とのサービス提供契約に伴う恒常的な個人データの第三者提供もあり、データ自体の取引に伴う個人データの第三者提供といった特殊な場面のみが関係するわけではない。
　トレーサビリティ義務に対しては、特に恒常的な個人データの第三者提供が行われている業界・企業からは、個人データ一つひとつについて、提供の都度記録を作成する、又は確認し、記録を作成することの負担が過重であるとの多数の意見があった。衆・参両院の

内閣委員会における附帯決議では、「第三者提供に係る記録の作成等の義務については、その目的と実効性を確保しつつ事業者に過度な負担とならないよう十分に配慮すること」とされ、これに対応することとして、ガイドライン（確認・記録義務編）では、個人データの第三者提供に際してトレーサビリティ義務を不要とする類型が認められた。以下、法定された例外事項とともにみていく。

　①　法定例外事項

個人情報保護法23条1項各号に定められる法令に基づく提供等については提供を行う者・受ける者ともにトレーサビリティ義務の対象から除外される。個人データ取扱いの委託、事業承継等、共同利用（同条5項各号）に伴う提供についても、個人情報保護法24条が適用されない限り、トレーサビリティ義務の対象とならない。

　②　提供・受領ともに不要とされる類型

委員会がトレーサビリティ義務をその規定の趣旨から不要とするのは以下の通りである。なお、いずれの場合も個人データの第三者提供に対する原則本人同意の取得といった規定の適用（個情法23条、24条）を免れるものではない。提供が適法なことは前提である。また、オプトアウトによる提供の場合にはこれらの類型は適用されない。

　ⅰ　本人による提供

事業者が運営するSNS等に本人が入力した内容が、自動的に個人データとして不特定多数の第三者が取得できる状態に置かれている場合（ガイドライン（確認記録義務編）2-2-1-1（1））が挙げられ、個人情報取扱事業者による個人データの第三者提供に該当しない場合も否定されるものではないと考えられるが、それ以外の場合であってもトレーサビリティ義務については免除されることがあり得る。

ⅱ　本人に代わって（委託を受けて）行われる提供

　委託等及び提供される個人データの内容その他提供に係る要素を総合的に勘案して本人が提供を認識・許容した特定の提供行為について、トレーサビリティ義務を免れ得る。例えば、スマートフォンのアプリやインターネット上のサイトの運営事業者が、本人認証の目的で、当該本人が選択した他のサービスの運営事業者との間で、当該本人の情報をやり取りする場合（ガイドライン（確認記録義務編）2-2-1-1（2）を修正。FacebookとInstagram、PokemonGoとGoogleといったサービスアカウント同士の連携をいうものと考えられる）や、保険会社が事故車両の修理を手配する際に、本人が選択した提携修理工場に当該本人の情報を提供する場合が挙げられる。

ⅲ　本人と一体と評価できる関係にある者への提供

　提供される個人データの性質、本人との関係等をもって実質的に判断するものではあるが、本人の代理人、家族等の本人と一体と評価できる関係にある者に対する個人データの提供に関してはトレーサビリティ義務の履行は不要とされる。例えば、金融機関の営業員が、家族とともに来店した顧客に対して、保有金融商品の損益状況等を説明する場合（ガイドライン（確認記録義務編）2-2-1-2）が挙げられる（もっとも、この場合、顧客が当該家族に事前に金融資産を明らかにしているのかという判断をしなければならないであろう）。その他、法定代理人がその権限内の行為に関して取得する情報についても、この場合に該当すると考えられる。

ⅳ　提供者が最終的に本人にデータが提供されることを意図した上で第三者を介して提供を行う場合

　この場合も、実態として本人への個人データの移転がなされるにすぎないのであればトレーサビリティを担保する必要がないとする

ものである。例えば、振込依頼人の法人が、受取人の口座に振り込むため、個人の氏名、口座番号等の個人データを、仕向銀行を通じて被仕向銀行に提供する場合が（ガイドライン（確認記録義務編）2-2-1-2）挙げられる。

　ⅴ　不特定多数の者が取得できる公開情報（初めに個人データを公開する行為を除く）

　例えば、ホームページ等で公開されている情報、報道機関による報道に含まれる情報がこれに当たる（ガイドライン（確認記録義務編）2-2-1-3）。単に公開情報の取得を代行したにすぎないとの理由だが、もはや文言解釈からはかけ離れた、実質的な運用である。

　③　受領について不要とされる類型

　①②は、提供・受領それぞれにトレーサビリティ義務が不要とされるものであるが、委員会は、受領についてのみトレーサビリティ義務を不要とする類型を示している。なお、提供については義務を免れるものではないことに注意しなければならない。

　ⅰ　受領者にとって「個人データ」に該当しない場合

　提供者が個人情報データベース等から個人データを1件第三者に知らせる場合はトレーサビリティ義務を免れる。これは、散財的な個人データの提供を受ける場合を除外する趣旨である。

　ⅱ　受領者にとって「個人情報」に該当しない（特定の個人を識別することができない）場合

　例えば、提供者が氏名等を削除した個人データを提供した場合、これを受領する者が当該個人データと照合し得る他の情報を保有しているような場合でなければ、受領したデータから特定の個人を識別することはできないが、このような場合にはトレーサビリティ義務の履行は不要であるとされた（ガイドライン（確認記録義務編）2-2-2-1（2））。

ⅲ　閲覧のみ行う場合

　何者かが公開した情報を閲覧する行為については、受領者の確認・記録義務は不要とされている。

　ⅳ　一方的に個人データが送られてくる場合

　受領者の意思とは関係なく、個人データが口頭、メール等によって送られてくる場合をいう。ただし、当該個人データが送られてきたことを奇貨として受領者が意図して保存するなどの取扱いを行う場合は、その時点から受領者の確認・記録義務が課せられると解すべきであろう。

　　b　第三者提供を行う個人情報取扱事業者

　第三者に個人データを提供しようとする者は、実際に提供を行ったときは、法律に規定のある提供の年月日、相手方の氏名（法人等であればその名称）のほか、委員会規則で定める事項を記録すること及びこれを一定期間保存することが求められる（個情法25条）。

　施行規則では、トレーサビリティ義務導入の端緒となった名簿事業者対応についてオプトアウト手続に関して特に厳重な要件を定めることによって対応がなされている（そのため、条文構成でもオプトアウトに関する事項が原則であって、先に来ている）が、その詳細は次のとおりである。

　①　記録の作成方法と保存期間

　記録媒体については、紙・電子媒体のいずれによることも認められている（施行規則12条1項）。また、記録の作成は、本人別に作成することのみならず、対象となる複数の本人の記録を一体的に作成することができる（ガイドライン（確認記録義務編）4-1-2-1）。

　記録の作成は、原則として個人データの提供の都度、速やかに行わなければならない（施行規則12条2項本文）。オプトアウト手続によって個人データを提供する場合は、必ず都度、速やかな記録の

作成が求められる。それ以外の場合であって、個人データの第三者提供が反復・継続して行われる場合には、包括的な記録を作成することで足りる（同項ただし書）。反復・継続して行われる提供については、実際に反復・継続し、又はこれが確実と見込まれるときに一括した記録作成が認められるものであること、例外的措置であることから、一定期間内の行為について対象とすることが望ましい。この期間内であれば、一体的に作成された記録について、データ群を構成する本人が途中で変動するとしても一括して記録を作成することが認められる（ガイドライン（確認記録義務編）4-1-2-2）。

これらの作成方法によって作成された記録については、それぞれ3年間保存しなければならない（施行規則14条2号・3号）。

また、個人データの本人への物品の販売・サービス提供に関して行われる個人データの第三者提供について、その提供に関する契約書その他作成される書類を、新たに記録を作成することに代えて用いることができる（施行規則12条3項）。ここでの書類は、本人との間で作成した契約書のみならず、提供する者・これを受ける者の間で作成するものでも足りる。また、契約書のほか、内部で作成された帳票、記録簿等も対象である。このとき、契約書その他の書類は1年間保存しなければならない（施行規則14条1号）。前述a①②を除外してなお適用を受ける場合であって、本人への物品の販売・サービス提供に関する個人データの第三者提供については、当該要件への該当性及び契約書その他の書類を確認することが肝要である。例えば、アプリの利用に際して、広告配信をするために個人データを提供するといった場合では、利用規約及びプライバシーポリシーに②の記録事項を記載することによって対応することが認められる（利用規約及びプライバシーポリシーへの有効な同意が前提となる）。

なお、複数回にわたって一人の個人データを提供する場合には、

同一内容を記録する合理性がないため、記録の作成を省略することが認められる（施行規則13条2項）。トレーサビリティ義務についての規定が施行される前に作成された記録についても、法令に定める方法に相当する方法で作成した記録であれば、再度記録を作成する必要はない（施行規則附則3条）。

　② 記録事項

　記録事項については、[ⅰ] オプトアウトによる第三者提供であるか、[ⅱ] 本人同意による第三者提供であるかによって異なり、図8のとおりである。個人情報保護法25条1項は「当該個人データを提供した年月日」を明示するが、同意による場合は施行規則13条1項2号によって記録事項から除外されており、委任違反ではないかという問題がある。

図8　提供者の記録事項

	提供年月日	第三者の氏名等	本人の氏名等	個人データの項目	本人の同意
オプトアウトによる第三者提供	○	○	○	○	
本人の同意による第三者提供		○	○	○	○

※ガイドライン（確認記録義務編）22頁。

　「個人データによって識別される本人の氏名その他の当該本人を特定するに足りる事項」とは、本人ごとに割り当てられて本人を特定可能なID等をいう。また、実際に提供した個人データに本人を特定するに足りる事項が含まれている場合には、個人データを保存

することをもって記録したものとすることができるとされる（ガイドライン（確認記録義務編）4-2-1-1 (3)）。なお、「当社が保有する全ての個人情報に係る本人」と記載することでは足りない。

　　c　第三者からの提供を受ける個人情報取扱事業者

　第三者から個人データの提供を受けようとする者は、提供を受けるに際して、その第三者の氏名と住所（法人であれば名称と住所、そして代表者の氏名）と個人データの取得の経緯を確認しなければならない（個情法26条1項）。第三者は、確認事項を偽ってはならない（同条2項）。これを偽った場合には、10万円以下の過料に処せられる（個情法88条1号）。ただし、提供者が個人情報取扱事業者であったとしても勧告等の対象とはされていない。そして、確認した事項、提供を受けた年月日その他の委員会規則で定める事項を記録し、一定期間保存することが求められる（個情法26条3項・4項）。

　①　確認方法

　第三者の氏名及び住所（法人についてはその代表者の氏名）については、提供する者からの申告を受ける方法や登記事項の確認等の適切な方法によって行うこととしている（施行規則15条1項、ガイドライン（確認記録義務編）3-1-1）。取得の経緯については、契約書等の書面の提示を受ける方法その他の適切な方法によって確認しなければならない（施行規則15条2項）。ガイドライン（確認・記録義務編）3-1-2では、取得の経緯の具体的な内容として、本人・公開情報等取得先の別、有償・無償、サービス提供に付随するなど取得行為の態様を例示している。また、確認方法については、取得の経緯の記載が含まれる契約書を確認させてもらうことに限らず、本人から得た同意書面等を確認することで良いとされる。実際には提供者から提供を受ける全ての個人データについて契約書又は同意書面を

見せてもらうといったことは難しいであろうから、データに関する取引の契約書面において、同意を得たこと等取得経緯について保証する条項を設けることが考えられる（経済産業省の「データに関する取引の推進を目的とした契約ガイドライン」（平成27年10月）もこの点を前提とする）。

　複数回にわたって一人の個人データを受け取る場合には、既に確認し、その記録を作成・保存している場合に限り、以前の提供に係る確認事項に変更がなく同一である旨確認すれば足りる（施行規則15条3項）。また、この確認は、同一である旨の認識があることで足りる（ガイドライン（確認記録義務）3-2）。

　ここで、取得の経緯とは、提供者より前に取得した者を含めて本人から個人データが提供されて以来全ての経緯を確認するようなことを求めるものではなく、提供者となる第三者自身が提供する個人データを取得した経緯を確認することで足りると考える。これは、それまでの取得経緯の全てを調査して報告させることは過度な負担であることと、今回の記録・確認義務の新設によって、提供者が自己の取得経緯を報告すれば、委員会が記録をたどることは可能であると考えられるためであり、また取得の適正を保ち得るためである。

　② 記録の作成方法と保存期間

　記録の作成方法と保存期間については、ｂ①と同様であることから、当該箇所を参照されたい。

　③ 記録事項

　記録事項については、[ⅰ]オプトアウトによる第三者提供、[ⅱ]本人同意による第三者提供、[ⅲ]私人等からの第三者提供であるかによって異なり、図9の通りである。年月日についての施行規則での緩和についてもｂ②と同様の問題がある。

図9　受領者の記録事項

	提供を受けた年月日	第三者の氏名等	取得の経緯	本人の氏名等	個人データの項目	個人情報保護委員会による公表	本人の同意
オプトアウトによる第三者提供	○	○	○	○	○	○	
本人の同意による第三者提供		○	○	○	○		○
私人などからの第三者提供		○	○	○	○		

※ガイドライン（確認記録義務編）26頁。

　　d　トレーサビリティの確保と事業者の負担

　提供する者・される者それぞれに記録の作成方法・保存期間は同一であること（b①、c②参照）から、いずれかの者において記録義務の全部又は一部を相手方に代わって行うことが認められる（ガイドライン（確認記録義務編）4-1-3）。

　　イ　不正な利益を図る目的による個人情報データベース提供罪の新設

　　　㋐　データベース提供罪の新設について

　個人情報データベース等を取り扱う事務に従事する者又は従事していた者が、その立場を悪用して、個人情報データベース等を不正に持ち出し、第三者に提供して利益を得る行為を個人情報保護法違反として処罰することができるように、「個人情報データベース等提供罪」が新設された（個情法83条）。

　これまで、会社が保有する個人情報が不正に持ち出されるような事案では、不正競争防止法（営業秘密に関する、同法21条1項各号）を適用して立件することがあったものの、この違反を問うために

は、不正提供等がなされる個人情報が営業秘密に当たることが必要であり、秘密として管理されていること等の立証が求められる。本罪は、営業秘密に当たらない場合であっても、個人情報データベース等を不正に提供する場合に成立し得るものであることから、本罪の新設によって、一定程度これまで対応が難しかったケースに対応できるのではないかと思われる。

(イ) 具体的な要件

まず、本罪の適用を受ける者とはどのような者か。これは、自然人である個人情報取扱事業者（法人については、両罰規定が問題となる（個情法87条））、法人や団体である個人情報取扱事業の役員・代表者若しくは管理人又は従業者、そしてこれらであった者である（役員や従業者等の職を退いた者であっても、在職中に入手した情報を使ってこのような不正行為を行う場合を処罰する必要があるため、これらであった者にも適用される）。なお、「従業者」とは個人情報取扱事業者の組織内において、事業者の指揮命令系統に属し、事業者の業務に従事している者であれば足り、雇用関係にある必要はない（従業者に対する監督義務（個情法21条）における「従業者」の解釈と同様）。

委託先の従業員が委託元の個人情報データベース等を不正提供した場合については、委託先の事業者も、委託内容に従い委託元の個人情報データベース等を事業活動に利用しているために個人情報取扱事業者となることから、その従業員が委託された個人情報データベース等を不正提供した場合には、本罪が適用されることとなる。

本罪は、当罰性ある行為を限定するということから、自分や第三者の「不正な利益を図る目的」を一つの要件としている。「不正な利益」とは、例えば、個人的な利益を得るために、職務上の権限や地位を利用して入手した個人情報を他の事業者に販売して経済的利

図 10 確認・記録義務の全体図

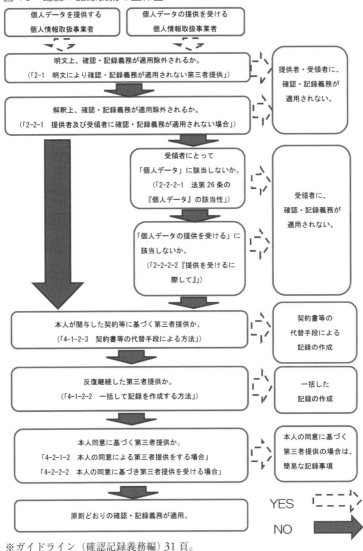

※ガイドライン（確認記録義務編）31 頁。

益を得る場合などが想定される（参考として、行政機関個人情報保護法 54 条、番号法 49 条等。行為者の興味本位や被害者への加害の意図の

みをもって行う場合には成立しないものと考えられる)。

　以上のように、これらの者が、不正な利益を得る目的をもって、事業者の業務に関して取り扱った個人情報データベース等を提供・盗用したときは、1 年以下の懲役又は 50 万円以下の罰金に処せられることとされた。

　個人情報取扱事業者等の義務(個情法第 4 章)の適用を除外される場合の個人情報取扱事業者の行為であっても、データベース提供罪の適用は排除されないことには注意が必要である。

　適用除外とは、新聞等の報道機関が報道活動に用いるために個人情報を取り扱う場合、大学等の学術研究機関が学術研究活動に用いるために個人情報を取り扱う場合等に、個人情報取扱事業者(改正後は匿名加工情報取扱事業者について同様)に課せられる義務規定が適用されない、というものである(なお、自ら適正な取扱いを確保することに努めるべきとはされている。図 11 参照)。これらについては、憲法の趣旨から行政規制について配慮するべきであろうということで、このような規定が設けられている。

　しかし、データベース提供罪については、その行為自体が可罰的なものである。したがって、その目的がたとえ憲法の趣旨に合致するものであったとしても、当然に適法となるとはいえない。本法の適用除外に該当したとしても、民事・刑事の領域で違法性の問題が排除されるものではない。

　なお、外国で不正な提供・盗用行為があった場合には、日本国外で犯罪を行った場合でも適用可能である(国外犯処罰規定が設けられている)ことから、データベース提供罪を適用することは可能である(実際に刑罰を科すためには日本において裁判手続を行うことが必要となるため、国際捜査共助や犯罪人引渡の手続が必要となる)。

図 11　適用除外と権限の不行使

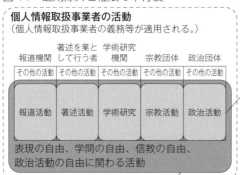

※消費者庁平成 25 年度説明会資料より。

(6)　開示等請求権の明確化

　個人情報保護法は、本人が、個人情報取扱事業者が取り扱っている保有個人データについて、①その本人が識別される個人情報の開示、②個人情報の内容が事実でない場合の訂正・追加・削除、③利用目的の制限や不正の取得の制限に違反して取り扱われている場合の利用の停止・消去、そして、④第三者提供の制限に違反して提供されている場合の提供の停止を求めることができ、これらの求めを受けた個人情報取扱事業者は、一定の場合（後述ア、イ、ウをそれぞれ参照）を除いて求めに応じる義務があることと規定していた（改正前個情法 25 条、26 条、27 条）。

　「以前よく利用していた通販、あの時渡した情報は今も使われているのかな」、「知らない事業者から DM が届いた。自分のどんな情報を持っているのだろう」と、こういうときに、開示を求めることによって、個人情報取扱事業者が自分に関するどのような保有個

人データを持っているのかを知ることができる。そして、その中に誤った情報があれば、これを正しい内容とするように訂正や消去を求めることができる。また、契約に当たって必要な限りで取り扱う約束であった情報が別のサービス提供のために用いられている場合には利用停止を、そして見知らぬ事業者から連絡があればその情報をもともと渡した個人情報取扱事業者に提供停止を求めていく。このような場合に、開示等の規定は用いられてきた。

　このような本人の開示等の求めについては、裁判所に訴えを提起することができる請求権であるかどうかにつき疑義があり、否定する裁判例もあったところである（東京地判平成19年6月27日判時1978号27頁。被告の開設する診療所で診療を受けた原告が、被告に対し、個情法を根拠に自己の診療録の開示を求めた事案。東京地裁は、改正前の個情法25条1項が本人に開示請求権を付与した規定であると解することは困難であって、同規定に基づき、本人が個人情報取扱事業者に対し、保有個人データの開示を裁判手続により請求することはできないと判断した）。なお、法案提出後の判決であるが、東京高判平成27年5月20日判例集未登載（平成26年（ネ）第5348号事件。いわゆる「おーにっちゃん日立訴訟」控訴審）は傍論ながら、「本人の開示の『求め』の背景に、裁判規範性を有する保有個人データの開示請求権が存することを完全に否定することもまた、ためらわれる」、「法25条1項に規定する本人の開示の『求め』の法的な性質は、法制上の不明瞭さを考慮してもなお、裁判規範性を有する保有個人データの開示請求権に基づくものと解することが不可能であるとまで断定することはできない。」との判断を示している。

　しかしながら、開示等の求めは、本人自らが個人情報について、どのような情報があるのか開示を受け、開示された情報から、あるいは疑わしい状況から推察して内容に誤りがあれば訂正すること、

図12　行政規制と司法救済

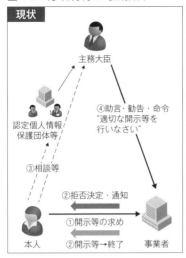
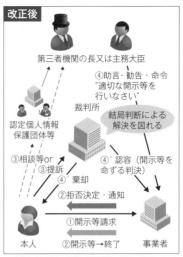

※ PD検討会第8回資料2・2頁に修正を施したもの。

そして法に違反する取扱いがされている場合はこれを是正することをその内容とするものであって、自らの権利利益が侵害されることを防ぐための手段ともなる重要なものである。その確実な実現を図るためには司法による個別救済を認める必要性が高いといえる。また、開示等を巡る争いは、特定の個人情報について、事業者が保有している、約束した取扱いとは異なる目的で使われているなどの個別の事情が問題となるものであり、行政機関の介入による解決よりも、個別の事案として私人間で解決することになじむところがある。さらに、諸外国においては裁判上も行使できる請求権として認められているのが一般的である。

　このような理由から、本人の求めに応じることを個人情報取扱事業者の義務とし、開示等が適正に行われない場合に行政による監督

等権限の行使によって是正することで間接的に本人の救済へとつなげることを基本とする従来の建前を維持しつつ、裁判上本人が自ら行使できる請求権であることを明確にするための改正が行われた。

　改正の趣旨は請求権の明確化にあることから、開示を求めることができる場合や事業者が拒否することができる場合等の規律について、実質的な変更は加えられていない。個人情報取扱事業者は、これまでと同じように対応することで良い。また、開示、訂正等、利用停止等又は第三者への提供停止の請求を受けた個人情報取扱事業者が、理由なく本人の請求に対応しない、対応を拒むというような場合には、改正前の主務大臣による監督と同様に、委員会が開示等義務違反について指導、勧告等することは妨げられず、これらの措置によって違法状態を是正することが引き続き求められる。

　　ア　開示

　本人は、個人情報取扱事業者に対して自らが識別される保有個人データの開示を請求することができる（個情法28条1項）。この請求について訴訟を提起する場合、本人は、個人情報取扱事業者がその本人が識別される保有個人データを有していることを主張立証することが求められる。また、このとき本人は、開示を受けたいと考える保有個人データを特定しなければならない（個情法32条2項）。具体的な請求の趣旨（民訴法133条2項2号）としては、別紙目録で保有個人データを特定した上で、「被告は、原告に対し、別紙保有個人データ目録記載の保有個人データを開示せよ。」などと記載することが考えられる。

　本人から請求を受けた個人情報取扱事業者は、①本人又は第三者の生命、身体、財産その他の権利利益を害するおそれがある場合、②当該個人情報取扱事業者の業務の適正な実施に著しい支障を及ぼすおそれがある場合、③他の法令に違反することとなる場合（個情

法28条2項)、そして、他の法律による開示が可能な場合を除いて、これに応じなければならない(同条4項)。訴訟においては、これらの不開示事由等を主張立証して請求を拒むことができる(抗弁)。

なお、裁判外の請求で問題となるところであるが、本人から指定された情報が存在しない場合は、本人に対して遅滞なくその旨を通知しなければならない(同条3項)。

開示対象となる個人情報(保有個人データ)には、氏名、住所、電話番号やメールアドレスという連絡先、購買履歴等、限定なく様々なものが含まれる。個人情報(保有個人データ)が誰に提供されたかという提供先の情報や、誰からその個人情報を取得したものであるかという提供元の情報も、個人情報(保有個人データ)に該当する限りにおいて、開示の対象となる。改正前個人情報保護法は、提供先や提供元の情報は保存義務がなく、そもそも提供先や提供元に関する情報が存在しないことがままあり、開示できないことがあったが、確認・記録義務((5)ア参照)の新設によって、少なくとも事業者が記録を作成するところまでは義務付けられることとなった。

イ 訂正等

本人は、個人情報取扱事業者に対して、自らが識別される保有個人データの内容が事実でないときは、その内容の訂正、追加や削除(以下「訂正等」という)を請求することができる(個情法29条1項)。この請求について訴訟を提起する場合、本人は、個人情報取扱事業者がその本人が識別される保有個人データを有していること及びその内容が事実でないことを主張立証することが求められる。

請求を受けた個人情報取扱事業者は、その内容の訂正等に関して他の法令の規定により特別の手続が定められている場合(ガイドラ

イン（通則編）3-5-2（3））では、タクシー業務適正化特別措置法19条の登録実施機関に対する、同法12条及び19条の規定による登録運転者原簿の謄本交付等請求が挙げられている）を除き、請求に応じなければならない。このとき、本人からの請求内容が、個人情報取扱事業者が定めた利用目的の達成に必要な範囲を超える場合には、その達成に必要な範囲内でこれに応じることで足りる（個情法29条2項。例えば、内容が現状と乖離するとしても、利用目的との関係では過去の一定時点における内容の保存が必要である場合）。個人情報取扱事業者は、これらを主張立証することによって請求を拒むことができる。

　裁判外の請求で問題となるところであるが、個人情報取扱事業者は、請求を受けた場合、訂正等に応じる必要があるか否かを判断するため、遅滞なく必要な調査を行い、その結果に基づいて対応することが求められる。また、請求を受け、全部若しくは一部の訂正等を行ったときや訂正等を行わないことを決めたときは、本人に対して遅滞なく、その旨を通知しなければならない（同条3項）。

　　ウ　利用停止等
　本人は、個人情報取扱事業者に対して、自らが識別される保有個人データが、①同意なく事業者が定めた利用目的の達成に必要な限度を超えて取り扱われているとき、②不正の手段によって取得されたものであるときは、違反を正すために必要な限度で利用停止又は消去（以下「利用停止等」という）を請求できる。そして、③保有個人データが同意なく第三者へ提供されているときは、提供停止を請求することができる（個情法30条1項・3項）。これらの請求について訴訟を提起する場合、本人は、①の場合は、個人情報取扱事業者が、利用目的として特定された範囲を超えて、その本人が識別される保有個人データを取り扱っていることについて、②の場合は、

個人情報取扱事業者が、その本人が識別される保有個人データが不正の手段によって取得したことを主張立証することが求められる。また、③の場合は、個人情報取扱事業者が、その本人が識別される保有個人データを個人情報保護法23条1項又は24条の規定に違反して第三者に提供していることを主張立証することが求められる（オプトアウト手続違反や本人の求めに応じずに個人データを第三者に提供した場合も、個情法23条1項に違反した第三者提供となることから、本条による提供停止の請求が可能である）。

　請求を受けた個人情報取扱事業者は、利用停止等や提供停止に多額の費用を要する場合やその他のこれを行うことが困難な場合であって、本人の権利利益を保護するため必要なこれに代わるべき措置をとった場合は、利用停止等及び提供停止しないことができる（個情法30条2項・4項）。訴訟においては、例えば、カー・ナビゲーション・システムに含まれる個人情報について、これをオプトアウト手続を用いて本人同意に代えていたところ、手続に違法があった場合、既にカー・ナビゲーション・システムが販売され、回収や修正には多額の費用がかかること、また、必要な賠償を本人に行ったこと等を主張立証し、請求を拒むことができる。

　なお、裁判外の請求で問題となるところであるが、請求を受けて全部若しくは一部の利用停止若しくは提供停止を行ったとき、又はこれらを行わないことを決めたときは、本人に対して遅滞なく、その旨を通知しなければならない（同条5項）。

> **コラム7　不正に漏えいした個人情報の消去を請求できるか？**
> 　本人が保有個人データについて消去を求めることができるのは、利用目的の制限に違反して取り扱われている場合か、不正の手段により取得され、又は同意なく要配慮個人情報が取得された場合であり、これらに当たらない場合には消去を求めることができない。
> 　不正に漏えいした個人情報についても、不正に漏えいした個人情報

> であることを知って取得したなど、その求めの対象となる個人情報取扱事業者にこれらの違反行為があれば消去を求めることができるものの、何ら違反がない場合にはできないこととなる。この点については、そのような場合にまで消去に応じなければならない義務を課すことは事業者にとって負担が大きいことなども踏まえ、改正するに当たって変更することとはされていない。なお、違反がない事業者においても、本人との関係等に配慮して、事業者と本人との間で任意に消去に応じることについては否定されない。その他、このような事案においても、委員会が不正に漏えいした個人情報の流通経路を確認し、必要に応じてその個人情報の取扱いについて指導・助言を行うことが可能である。

エ　事前の請求——任意の解決を促し、濫訴を防止するために

今回の改正で裁判上の請求権を認めることについては、これまで真摯に行政規制に対応してきた個人情報取扱事業者には、それが濫用的に行使されて過重な負担がかかることを懸念する声がある。一方で、開示等を裁判上請求できるとしても、基本的には当事者間で任意に解決する方が迅速であり、当事者の負担も軽いことから、裁判外での解決は望ましい在り方であるともいえる。

そこで、当事者間の任意の解決を促進し、かつ、濫訴を防止するという観点から、開示等について裁判上の請求を行うためには、まず裁判外で開示等の請求を行い、当該請求が到達した日から2週間を経過した後に初めて訴えの提起をすることができるものとしている（ただし、2週間経過前であっても、個人情報取扱事業者が請求を拒んだ場合は、訴えを提起できる）。例えば、本人が4月1日に事業者へ開示を請求したとして、訴え提起ができるのは同月16日からである（民法140条、143条参照）。

これによって、当事者間で解決が可能な事案については訴訟が提起されず、濫訴を防止することが可能となる。

事前の請求の手続（裁判外での開示請求等）については、改正前と同様である。個人情報取扱事業者は、政令に定めるところにより

請求を受け付ける方法を定めること（個情法32条1項、施行令10条）、開示等の請求に対しその対象となる個人データを特定するに足りる事項の提示を求めること（個情法32条2項）、開示の請求を受けた場合には手数料を徴収することができること（個情法33条1項）とされているが、このような手続規定が設けられていることから、事前の請求は、本人が、事業者が適法に定めた受付方法に従わないで請求した場合や、合理的な範囲内で定められた手数料を支払わない場合には、適法な事前の請求がないものと考えられる。

なお、この適式な事前請求及び請求到達後の2週間経過等は訴訟要件であり、これを欠いた訴え提起は訴え却下となる。

オ　その他

(ｱ)　保有個人データからの除外

個人情報保護法は、情報公開法（行政機関の保有する情報の公開に関する法律）のグローマー拒否に相当するような条項として、保有個人データから除かれる類型を設けている（施行令4条）。

存否が明らかになることで、①本人や第三者の生命、身体や財産に危害が及ぶおそれがあるもの、②違法・不当な行為を助長したり、誘発するおそれがあるもの、③国の安全が害されるおそれ、他国や国際機関との信頼関係が損なわれたり、国際機関との交渉上不利益を被るおそれがあるもの、④犯罪の予防や鎮圧、捜査等の公共の安全と秩序の維持に支障が及ぶおそれがあるものがそれぞれ除外されている。これによって、その存否が明らかになったり、開示されたりすることがなじまないものについては、本人からの請求の対象とならないこととなっている。

(ｲ)　請求対象とする保有個人データの特定について

各種請求をするに当たっては、本人は、自らが識別される保有個

人データを特定してこれを行わなければならない。これは、改正前の個人情報保護法においても求められていたことであるが、本人は事業者がどのような管理体制でどのようなデータを保有しているかを知らない場合も多く、開示等を求める個人データを特定することが困難である場合が想定される。そこで、法は事業者に対し、本人が容易かつ的確に開示等の求めができるよう、個人データの特定に資する情報の提供等の適切な措置をとるべきこととしてきた。

改正後も、本人から開示等の請求（個情法27条の求めについても同様）があった場合、個人情報取扱事業者は、本人に対し、対象となる保有個人データを特定するに足りる事項の提示を求めることができることとしているが、これは、裁判外で問題となる措置であると考えられる。

　㈢　その他

個人情報取扱事業者は、各種請求に対してこれに応じない場合や、請求と異なる措置をとる旨を通知するに場合には、なぜそのような対応をすることとしたのか、その理由を説明するように努めることとしている（個情法31条）。

その他、個人情報取扱事業者は、請求を受け付ける方法を定めることができ（本人に過重な負担を課すものとならないよう配慮する必要はある）、本人はこの方法に従って請求しなければならないこと（個情法32条1項）や、手数料を徴収できることが定められている（個情法33条）。これらの規定については裁判外で問題となるところ、その内容は改正によって変更されておらず、従前の例によることで良い。

4　利活用を促進するために

個人情報を利用するためには、基本的に取得に際して特定した利

用目的の範囲内でこれを取り扱うことが求められ、個人情報を取り扱うに当たって目的外の利用をする場合や、第三者へ個人データを提供する場合には、原則として、本人の同意が必要とされる。

このため、何百万という膨大な数の個人情報を保有する企業等が、新たなビジネスを行うことを企図したとしても、保有している個人情報の利用目的が当初と大きく異なるような場合や第三者へこれを提供する場合には、何百万という個人情報に係る本人全てから同意を取得することが法律上求められる。数件の個人情報（又は個人データ）について、目的外利用や第三者提供のために個別の同意を得ることは、それほどの費用や手間というようなコストはかからない。しかし、膨大な数の個人情報を保有する個人情報取扱事業者が、その全ての個人から同意を得るためにかけるコストや時間的な損失は、事業を進める上で大きなブレーキとなっており、ビジネスニーズに機動的な対応をすることができないとの声があった。

そこで、「特定の個人を識別することができない情報」を取り扱うのであれば、基本的には個人の権利利益侵害のおそれがないことを踏まえ、「匿名加工情報」という、個人情報を加工して特定の個人を識別することができないようにするなどしたものが新たな類型として設けられ、一定の条件の下で事業者による自由な流通・利活用が認められることとなった。

また、企業には、具体的な人物に対して、その人物に見合った商品やサービスの提案、提供を行いたいというニーズもあるが、このためには誰であるかがわかる状態、つまり個人情報として利活用することがより適当な場合がある。そこで、個人情報を取り扱う場合について、利用目的の変更可能な範囲を広げるなど、その要件を緩和することによって、個人情報のままで機動的なビジネスニーズへの対応が可能となるようにしている。

このように、匿名加工情報の導入により、データビジネスにおいて特に有用性の高いパーソナルデータの利活用及び流通を確保する環境が整うことが、そして利用目的変更要件の緩和によって利活用が促進されることが望まれるところである。

(1) **自由な利活用が認められる匿名加工情報という新たな仕組み**

　匿名加工情報の議論に大きな影響を与えたのは、大手交通系企業が、乗降履歴情報の氏名等を仮のIDに付け替えた状態でデータ分析を担当する企業へ販売しようとした事案である（最終的には、マーケティング目的のデータに加工して再販売する予定であった）。しかし、事業計画をプレスリリースしたところ、顧客から「本当に法に抵触していないのか」、「勝手に自分の個人情報が使われるのは不安だ」というような批判が噴出した。このため、この大手交通系企業が販売する元となる履歴情報から自らの情報を除外するという申請を受け付けたところ、その数は5万件以上となったという。

　今回の改正は、「匿名加工情報」という個人情報ではない新たな類型を定め、その作成に当たって委員会が定める基準を遵守すること、作成の元となった個人情報に係る本人を識別するための行為を禁止するなどの適切な取扱いのための規律を設けることによって、利用目的の特定や第三者提供時の本人同意を必要とせず、自由に利活用ができるようにするものである。

　現行法下でも、個人情報を加工することでいわば非個人情報化（つまり、個人情報の要件を満たさなくなること）ができるのであれば、個人情報保護法の保護対象ではなくなることから、本人の同意等個人情報の取扱いに関する規律は及ばないこととなる。しかしながら、そのような状態にするための加工方法や程度が明らかでなく、どのような加工を施すことによって個人情報に該当しなくなるかは不明確であった。前述の事案でも事業を断念している。

このように、加工その他取扱いのルールの明確化は、消費者の不安と事業者の利活用への躊躇をなくすために求められていたものであり、今回の改正で匿名加工情報の制度が導入されることによって、データビジネスにおいて特に有用性の高いとされるパーソナルデータの流通及び利活用を確保する環境が整うことが期待される。

　匿名加工情報の活用により、パーソナルデータを本人の同意なく第三者に提供できるようになることで、一企業や特定の業種内にとどまっていた情報を広く利活用することが可能となる。例えば、ポイントカードに紐付いている購買履歴を匿名加工情報とすることにより、複数の事業者の間で分野横断的な情報を利活用することが可能となり、小売・流通業界にとどまらず、新たなイノベーションを生み出す突破口となることが期待される。また、医療分野では製薬会社、病院、研究機関での活用が期待されている。治験データ等を匿名加工情報に加工することによって、医療分野の情報についてプライバシー等患者への配慮から利活用が困難であった場面においても流通が促される仕組みが構築され、より精度の高い情報を基礎とした創薬・臨床が行われることが期待される（なお、第193回国会（常会）において、「医療分野の研究開発に資するための匿名加工医療情報に関する法律案（仮称）」が提出される予定である）。交通インフラ・都市計画の分野においても、移動履歴等を匿名加工情報に加工し、一定の属性を有する人間の行動選好を分析することで、地域の特性に合った交通機関の最適化、商業施設の開発が見込まれる。その他、走行中の自動車から取得される情報（プローブ情報）を活用したより精緻な渋滞予測や天候情報の提供等についても、匿名加工情報のスキームが活用できるのではないか。このように、匿名加工情報が集積され、又はパーソナルデータ以外の数多ある情報とともにビッグデータとして活用されることによって、経済効果が得られ

るのみならず、医療機関が保有する医療情報を活用した創薬・臨床分野の発展や、乗降履歴を活用した公共交通機関の路線再編、商業施設の建設や都市開発等、国民生活全体の質の向上にもつながることが期待される。

> **コラム8　匿名加工情報を取り扱うに当たって義務を課される対象は？**
> 　匿名加工情報に関する規律は、「匿名加工情報」（個情法2条9項）のうち「匿名加工情報データベース等を構成するもの」を取り扱う場合に課せられる（個情法36条1項かっこ書）。
> 　そもそも、個人情報保護法は、個人情報の取扱いについて、本人保護と事業者の負担のバランスを考慮し、事業者に課せられる規律の対象を「個人情報」、「個人データ」及び「保有個人データ」に分けて規定している。これは、事業者が情報をデータベース化して取り扱う場合には、簡単に膨大なデータを取り扱うことができ、これに比例して個人の権利利益の侵害を生ぜしめるおそれが高まる（名寄せが容易となり、大量の個人情報の集積が可能となることから、いったん不適切な取扱いが行われた場合に侵害される人数の広がりや、その影響は大きいほか、大規模な漏えいが起きやすい）ことを理由としている。
> 　匿名加工情報についても、これがデータベース化される際には、大量の匿名加工情報が同時に扱われることから、まとめて漏えいしたような場合には、サンプルの多さから、アルゴリズム等を解析することが容易となり、一般的に復元可能性が高まるため、結果として多くの人間に損害が生じるおそれも高まることになる。そこで、本人保護と事業者の負担のバランスを考慮し、匿名加工情報に関する規律が課せられるのは匿名加工情報データベース等を構成している場合に限っている。個人情報の取扱いに関する規律が段階的になっているのと同様の考え方によるものといえる。
> 　なお、「個人データ」に対応した「匿名加工データ」という類型は設けられていない。これは、そもそも、匿名加工情報に関する規律はデータベース等を構成する匿名加工情報に限定されているので（個情法36条1項かっこ書）、新たに「匿名加工情報」と「匿名加工データ」を分けて定義する必要がないためである。

ア　匿名加工情報作成者に求められること

　個人情報取扱事業者は、匿名加工情報を作成するに当たって、①適正な加工（委員会が委員会規則で定める加工基準の遵守）、②加工方法等復元につながる情報の漏えい防止のための安全管理措置、③作成した匿名加工情報に含まれる項目の公表、④識別行為の禁止、⑤匿名加工情報に関する苦情処理、安全管理措置及びこれらの公表義務（努力義務）、という各種義務を課せられている（個情法36条1項〜3項・5項・6項）。また、作成した情報を第三者へ提供するに当たっては、①〜⑤に加えて、⑥委員会規則に従った提供する匿名加工情報に含まれる項目及び提供方法の公表と、第三者に提供する情報が匿名加工情報である旨を明示することが求められる（同条4項）。

　㋐　匿名加工情報を作成するための適正な加工

　匿名加工情報とは、個人情報を加工して特定の個人を識別することができないようにするとともに、当該個人情報を復元できないようにしたものをいう（個情法2条9項）。加工を施すことで、作成の元となる個人情報から識別される本人の権利利益を侵害することをなくし、自由な流通・利活用を認めるものであることから、適正な加工が施されていることが最も重要であるといえる。

　加工の方法については、委員会規則で、いずれの事業者においても共通する客観的かつ必要な措置（一般的な加工手法）が加工基準として定められており、個人情報取扱事業者は、この基準に従って匿名加工情報を作成しなければならない（個情法36条1項、施行規則19条各号）。基準に従った加工を施すことによって（実務的には、ガイドライン（匿名加工情報編）や委員会からリリースされる資料も踏まえて）、流通・利活用の過程で特定の個人を識別できること又は個人情報を復元することとならない状態となり、「匿名加工情報」

としての適法性も担保される。

「特定の個人を識別することができない」とは、「個人情報」の「特定の個人を識別することができる」という要件をいわば反対から捉えたもので、一般人からみて、加工後の情報から、当該情報と具体的な人物との一致を認めるに至り得ないことをいう。

また、「復元することができない」とは、匿名加工情報の作成の元となった個人情報に含まれていた、特定の個人を識別することとなる記述等や個人識別符号の内容を特定し、元の個人情報へと戻すことができないような状態にすることをいう。

この二つの要件を満たしているかどうかの判断は、通常人の能力等では特定の個人の識別や元の情報の復元ができない程度を基準とし、ありとあらゆる手法によって特定や復元を試みたとしても本人を識別できないというように、技術的側面から全ての可能性を排除することまで求めるものではない。したがって、委員会規則に従って加工された匿名加工情報であっても、特定の個人を識別する可能性や、復元の可能性が全くないものではなく、高度な技術等を用いることで、再び作成の元となった個人情報に係る本人が識別されることや、当該個人情報が復元されることはないとはいえない。そこで、再び個人情報となって、これが不適正な取扱いが行われることによる個人の権利利益の侵害発生への防止については、担保されなければならない。これに対しては、個人情報保護法36条から39条に匿名加工情報の取扱いに関する規律を設けることによって、制度的な対応がなされている。

a 匿名加工情報の要件を満たすために必要な措置基準

匿名加工情報（個情法2条9項）を作成する際に求められる委員会規則で定められる基準（個情法36条1項）では、一般的な加工の手法を定めることとされた。これを受けて、施行規則19条各号

によって明らかとされた措置は、次の①から⑤までのとおりである。なお、これらの措置は選択的ではなく、全てを満たす必要がある。

① 特定の個人を識別することができる記述等の削除等（1号）

> 例　氏名、住所、生年月日が含まれる個人情報を加工する場合に、次の1から3までの措置を講ずる。
> 1　氏名を削除する。
> 2　住所を削除する。または、○○県△△市に置き換える。
> 3　生年月日を削除する。または、日を削除し、生年月に置き換える。

（例はガイドライン（匿名加工情報編）を参照している。以下同じ）

　個人情報は、氏名、住所、生年月日、性別といった様々な記述等によって構成され、記述等単体又はその組み合わせによって特定の個人を識別することができるものである。単体で特定の個人を識別することができる記述等（氏名、顔画像等）については、これを削除し、又は他の記述等へ置き換えることが求められる。そして、記述等の組み合わせによって特定の個人を識別することができる個人情報については、記述等の全部又は一部を削除し、又は置き換えることによって、加工後のデータに含まれる記述等の組み合わせによっては特定の個人を識別することができないようにしなければならない。

　置換えについては、復元することができない規則性を有しない方法によらなければならないが、[ⅰ] 一般化、[ⅱ] 仮IDの生成といった措置が想定される。例えば、[ⅰ] 一般化とは、「バラ」を「花」という上位の概念で表示することをいい、[ⅱ] 仮IDの生成とは、加工しようとする個人情報が含まれる個人情報データベース等において、これを構成する個人情報にIDが付されるなどして順序があるとすればこれらをシャッフルした上で通し番号を付すことや、記述等を単体又は複数組み合わせてハッシュ関数等を用いて

IDを付すことが考えられる。なお、②から⑤までにおいて「置換え」とある場合、解釈は同様である。

② 個人識別符号の削除等（2号）

> 例1 マイナンバーを削除する。
> 例2 顔を認証用のデジタルデータに変換したもののうち、特定の個人を識別することに足りるものとして委員会規則で定める基準に適合する部分を全部削除する。

加工しようとする個人情報に、個人識別符号が含まれるときは、当該個人識別符号の全部を削除し、または他の記述等へ置き換えなければならない。

③ 情報を相互に連結する符号等（ID）の削除等（3号）

> 例 個人情報取扱事業者が、セキュリティの観点から、取り扱う個人情報を分散管理している場合のその管理のために付した各データを連結させるためのIDを削除する。

個人情報取扱事業者は、例えば、個人情報を安全管理の観点から複数のデータベースで分散管理するためや、その取扱いの一部を委託するために、分離した情報間又は個人情報とその一部を複製したものとの間で、相互にデータを連結するためのIDを付していることがある（IDを新たに生成せずとも、電話番号といった個人情報に含まれる符号等を利用する場合を含む）。

このようなIDは、特定の個人を識別又は元の個人情報の復元につながり得ることから、削除又は連結する機能を有しない他の符号等へ置き換えることが求められる。

なお、連結する性質・機能を有する符号であっても、現に連結するために個人情報取扱事業者が利用していない符号については措置の対象とはされない。

④　特異な記述等の削除等（4号）

> 例1）症例数の極めて少ない病歴を削除する。
> 例2）年齢が116歳という情報を、90歳以上に置き換える。

　一般的にみて、珍しい事実に関する記述等又は他の個人と著しい差異が認められる記述等については、特定の個人の識別又は元の個人情報の復元につながるおそれがあるため、措置の対象とされる。特異か否かについては、社会通念に照らして判断されるが、当該データセットではなく社会一般を分母として「特異」かどうかをいうので、極めて稀なものが想定されている。

⑤　個人情報データベース等の性質を踏まえたその他の措置(5号)

> 例1）　移動履歴を含む個人情報データベース等を加工の対象とする場合において、自宅や職場などの所在が推定できる位置情報（緯度・経度情報））が含まれており、特定の個人の識別又は元の個人情報の復元につながるおそれがある場合に、推定につながり得る所定範囲の位置情報を削除する。（項目削除／レコード削除／セル削除）
> 例2）　ある小売店の購買履歴を含む個人情報データベース等を加工の対象とする場合において、当該小売店での購入者が極めて限定されている商品の購買履歴が含まれており、特定の個人情報の復元につながるおそれがある場合に、具体的な商品情報（品番・色）を一般的な商品カテゴリーに置き換える。（一般化）
> 例3）　小学校の身体検査の情報を含む個人情報データベース等を加工の対象とする場合において、ある児童の身長が170cmという他の児童と比べて差異が大きい情報があり、特定の個人の識別又は元の個人情報の復元につながるおそれがある場合に、身長が150cm以上の情報を「150cm以上」という情報に置き換える。

　個人情報に対して①から④の措置を講ずることによっても、なお匿名加工情報の要件を満たさない場合には、当該個人情報が含まれる個人情報データベース等の性質を踏まえた措置を講ずることとされている。

　［ⅰ］加工しようとする個人情報に含まれる記述等と、当該個人

情報を含む個人情報データベース等を構成する他の個人情報に含まれる記述等との間で著しい差異がある場合、［ⅱ］購買履歴、位置に関する情報といった人の反復、蓄積される行動の履歴から、個人の行動習慣が明らかとなる場合（特定の個人の識別、元の個人情報の復元につながるおそれがある場合に限る）には、個人情報データベース等の性質を勘案し、その結果を踏まえて図13にあるような加工を施すこととなる。

  b 事業者が具体的な加工を行うに当たって

 匿名加工情報の作成に関し、法律上適正な加工を施す義務を課せられる対象は、個人情報取扱事業者に限られている。理論上は、個人情報取扱事業者以外の者であっても、匿名加工情報を作成することは可能であるから、匿名加工情報の作成に関する義務を課すとすることは、あり得なくはない。しかしながら、情報の性質から考えると、匿名加工情報は、個人情報を加工して特定の個人を識別することができないようにしたものであって、個人情報そのものよりも規制の必要性が低い。これに対して何人にも義務が課されるということは、比例原則の観点からも問題がある。そこで、匿名加工情報の作成に関する義務が課せられる対象は、既に個人情報の取扱いについて義務を課されている対象から拡大しないこととして、個人情報取扱事業者に限定した。

 なお、行政機関個人情報保護法及び独立行政法人等個人情報保護法が改正され、非識別加工情報という類型が新たに設けられた（行政機関個人情報保護法2条8項、独立行政法人等個人情報保護法2条8項）。この非識別加工情報を個人情報取扱事業者が扱う場合には匿名加工情報と同じものとして義務を課せられることとなる。

 実際にaに示した手法によって、実際にどのような加工を具体的に行うかについては、各々のサービス等の特性や取り扱う個人情

図13 匿名加工情報の加工に係る手法例（※）

手法名	解説
項目削除／レコード削除／セル削除	加工対象となる個人情報データベース等に含まれる個人情報の記述等を削除するもの。 例えば、年齢のデータを全ての個人情報から削除すること（項目削除）、特定の個人の情報を全て削除すること（レコード削除）、又は特定の個人の年齢のデータを削除すること（セル削除）。
一般化	加工対象となる情報に含まれる記述等について、上位概念若しくは数値に置き換えること又は数値を四捨五入などして丸めることとするもの。 例えば、購買履歴のデータで「きゅうり」を「野菜」に置き換えること。
トップ（ボトム）コーディング	加工対象となる個人情報データベース等に含まれる数値に対して、特に大きい又は小さい数値をまとめることとするもの。 例えば、年齢に関するデータで、80歳以上の数値データを「80歳以上」というデータにまとめること。
ミクロアグリゲーション	加工対象となる個人情報データベース等を構成する個人情報をグループ化した後、グループの代表的な記述等に置き換えることとするもの。
データ交換（スワップ）	加工対象となる個人情報データベース等を構成する個人情報相互に含まれる記述等を（確率的に）入れ替えることとするもの。
ノイズ（誤差）付加	一定の分布に従った乱数的な数値を付加することにより、他の任意の数値へと置き換えることとするもの。
疑似データ生成	人工的な合成データを作成し、これを加工対象となる個人情報データベース等に含ませることとするもの。

（※）匿名加工情報の作成に当たっての一般的な加工手法を例示したものであり、その他の手法を用いて適切に加工することを妨げるものではない。

※ガイドライン（匿名加工情報編）15頁。

報・匿名加工情報の内容に応じて行うことが、より適している。そこで、具体的な加工については、委員会が委員会規則においてその詳細を決定するものではなく、認定個人情報保護団体の個人情報保護指針等による事業の実態を踏まえた自主的なルールに委ねることとされている。

4 利活用を促進するために

なお、作成者は匿名加工情報の作成の元となった個人情報そのものを廃棄しなければならないのではないか、という懸念が聞かれるところであるが、一律にそのような対応が求められるものではない。匿名加工情報は、作成に当たって特定の個人を識別することができないようにし、かつ、復元することができないようにしたものであり、その担保は加工基準と、識別行為禁止義務（個情法38条）等の取扱い上の規律によってなされる。これは、事業者内部に、匿名加工情報と、元となった個人情報とが、同時に保有されていても変わりはない。元となった個人情報についても個人情報保護法36条5項（識別行為の禁止）の「他の情報」としての規律がかかることに変わりはない。したがって、作成の元となった個人情報を削除することは求められておらず、元となった個人情報を「他の情報」と別異に扱って削除させる義務はない。作成者において作成の元となった個人情報を保有し続けることは可能であり、匿名加工情報の自由な利活用及び作成の元となった個人情報の利活用は、それぞれ独立して、別の規律の下に行われることとなる（個人情報については個情法第4章第1節、匿名加工情報については同章第2節）。

　その他、統計情報について、これが個人情報に削除等の加工を施すことによって得られるものがあることから、このような情報も匿名加工情報に該当し、規制の対象となるのではないかとの懸念が示されている。「統計情報」は法律上定義されたものではないが、改正前の個人情報保護法の運用に当たっては、「個人情報」に該当しないものとして規制の対象外と整理されており、利活用がなされてきた。改正によって個人情報保護法が新たに匿名加工情報という類型を設けるに当たっては、これまで統計情報として取り扱われてきたものに不合理な規制が課せられることのないよう配慮する必要がある。

そのためか、ガイドライン（匿名加工情報編）において、個人情報保護法36条1項の「作成するとき」とは、「匿名加工情報として取り扱うために、当該匿名加工情報を作成するとき」であるとされ（3-2）、個人情報保護法36条3項の「匿名加工情報を作成したとき」とは、「匿名加工情報として取り扱うために、個人情報を加工する作業が完了した場合」であるとされる（3-4）。統計情報にするための加工や、個人データの安全管理措置のための加工の過程で、たまたま匿名加工情報が生じても、匿名加工情報としての義務はかからないことを覚えておくべきであろう。

　統計情報とは、例えば、商品Aの購入者の年齢・地域別割合や、成田空港利用者の東京駅までの各公共交通機関利用割合というように、個人情報に加工を施すことにより、人数分布のように複数人の情報を合わせて数量的に把握するものであって、情報を構成する共通要素に係る項目を抽出し、同じ分類ごとに集計して得られる数値が表れている状態のデータである。個人との対応関係が排斥され、匿名加工情報として想定する情報以上に個人との関係が希薄となっているといえる（もはや「個人に関する情報」（個情法2条1項柱書・9項）ですらない）。法の目的が「個人の」（個情法1条）権利利益侵害防止にあることからしても、統計情報については、個人情報保護法上何らかの規律の対象とすることについて十分な合理性があるとはいえず、適切な加工をしたものについては、個人情報保護法の適用外とすることが適当である。個人情報及び匿名加工情報に該当しないものとして明らかとなるよう、例えば、既存の統計情報（統計法（平成19年法律第53号）上の統計や、これまで民間で活用されてきた統計情報）の加工の程度も参考にしつつ、統計情報が法による規律の対象から除外されるためのより詳細な要件が示されることが望まれる。

4　利活用を促進するために

コラム9　提供元基準と提供先基準

　個人情報の一部を切り離したものは個人情報か。例えば、ある企業に、氏名、住所、電話番号、生年月日、クレジットカード番号と有効期限、購買履歴、会員IDという情報が存在したとする。これについて、企業が第三者に購買履歴を提供しようと考えたとする。このとき、切り離された情報と氏名等とが会員IDで連携されていれば、これは「容易照合性」があって個人情報として扱わなければならないのではないか。しかし一方で、提供されてしまえば照合ができないのであるから、提供時はこれが否定されるのではないか。

図14　提供元基準と提供先基準

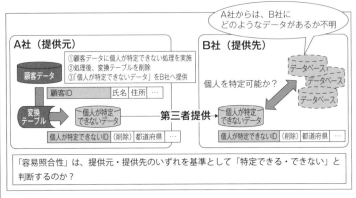

※ PD 検討会第7回資料1-1・6頁に修正を施したもの。

　これは、個人情報を取り扱う事業者内部では、容易照合性が認められることから個人情報に該当する情報であっても、その提供を受ける事業者についてはどのような情報をどのように取り扱っているのかわからない、つまり、提供先では容易照合性が認められるか等個人情報に該当するかわからないのであれば、そのような情報は第三者提供に際しては個人情報該当性が否定されるのではないか、という議論である。これを受け、個人データの第三者提供に当たっての「容易照合性」の判断基準について、提供元を基準とする（提供元基準）のか、提供先を基準とする（提供先基準）のか、という議論があった。

　提供元基準を採用するのであれば、容易照合性の判断は、提供元の事情を基礎として行うというものであり、データの提供元で個人が特定できないデータであれば、提供することができることとなる。提供先基準は、データの提供元で個人が特定できないと判断したデータで

あっても、提供先がもつ様々なデータと組み合わされることで個人が特定できてしまう場合があるため、提供先での特定性を考慮すべきというものである。

法を所管してきた消費者庁は、これについて、提供元基準を採用するとしている。これは、提供先において特定個人を識別できるか否かは、本人同意を得る等義務を負う提供元においては判断ができないためである。

このような議論も背景としつつ、先に挙げた大手交通系企業の乗降履歴情報では、提供された情報が個人情報（個人データ）なのか、そうではないのかということが問題となった。今回の改正では、この問題にも一定の解を示すことができるように、個人情報の明確化と、匿名加工情報という自由な活用を可能とするルール作りがなされている。

㈠　適正な加工がなされなかった場合

個人情報取扱事業者が特定の個人を識別し得る、又は復元し得る状態にあるにもかかわらず、匿名加工情報であると誤って判断した場合等、加工が不十分である情報は、依然として個人情報に該当する。したがって、そのような情報の取扱いには、当然に個人情報の取扱いについての規律が課せられ、例えば個人データの第三者提供に際しては原則として本人の同意を得なければならない（個情法23条1項）。

例えば、匿名加工情報を第三者に提供することを公表している特定のウェブサイトで商品を購入したところ、ウェブサイトの運営事業者とは別の事業者から、これに関係するDMが来たとする。匿名加工情報は、特定の個人を識別することができず、復元もできないものであるから、その流通・利用によって、個人に直接、事業者又は事業者からこれを入手した第三者から連絡や接触が発生することはあり得ない。したがって、そもそも匿名加工情報の加工が不十分なのではないかという推測が働く。このような消費者から苦情の申出を受けるなどして、加工が不十分な個人情報が流通しているこ

とが判明した場合、委員会は、事業者から任意に事情を聴くとか、当該事業者が所属する認定個人情報保護団体に確認するなどして事実関係を精査し、必要に応じて報告徴収及び立入検査（個情法40条）を行うとともに、指導・助言（個情法41条）を行うことで適切に監督、是正することとなる。このような措置によっても是正されず、個人の権利利益を保護するために必要があると認められる場合には、例えば、匿名加工情報の利用や提供の停止、再発を防止するために必要な措置を講じるように勧告を行うこと、これに応じない場合に命令をすることができる（個情法42条。命令に従わない場合は、罰則が科される（個情法84条））。

　また、本人は、目的外利用（個情法16条）や同意を得ない第三者提供（個情法23条1項）として、利用停止等請求（個情法30条1項・3項）をすることを妨げられない。

　では、加工が不十分であるために匿名加工情報の状態とはなっていないものであったため、はからずも個人情報を取得した受領者には当該個人情報を消去等する義務があるか。これについては、提供者との間で加工が不十分であることを示し合わせて取得したなど不正の手段による取得（個情法17条）というような事情がなければ、消去する義務は生じない。このような場合、取得した情報について受領者には個人情報としての取扱いが求められることとされ、速やかに利用目的を特定し（個情法15条1項）、本人への通知・公表を行うこと（個情法18条1項）が必要となる。

　㈦　加工に関する情報の漏えい防止について

　個人情報取扱事業者は、匿名加工情報を作成したときは、削除した情報、作成の元となった情報の取得経緯や変換方法の秘匿のように、加工の方法に関する情報の漏えい防止のため、安全管理措置（従業員及び委託先の管理・監督を含む）を講じなければならないこ

ととしている。

　匿名加工情報は、そのデータ単体からは特定の個人を識別することができず、また、作成の元となる個人情報に復元されることができないものである。しかし、適正な加工が施されたとしても、加工によって削除された情報や加工の方法等が判明すれば、作成の元となった個人情報の復元や、その個人情報から識別される本人を割り出すことが容易となる。したがって、匿名加工情報の作成者は、これらの加工に関する情報が外部に漏えいしないように、安全管理のための措置を講じなければならない（個情法36条2項）こととされ、［ⅰ］匿名加工情報の作成に用いた個人情報から削除した記述等・個人識別符号と具体的な加工の方法に関する情報（加工方法等情報という）の取扱い責任者を定めること、［ⅱ］加工方法等情報の取扱いについて内規を定めてこれに従った運用を担保すること、［ⅲ］加工等方法の不正アクセス等を防止することが必要となる（施行規則20条）。具体例については、図15をご参照いただきたい。

　なお、加工方法等情報からは、元の個人情報の復元につながらない情報が除かれている。これは、年齢のデータを10歳刻みのデータに置き換えたというような情報は、元の個人情報の復元につながらない一方で、データ分析等の利活用には必要なものであるため、必要性・相当性の観点から認められるものである。

　　㈎　公表について

　匿名加工情報の作成を含む取扱いに当たっては、本人関与が規定されていない。このことから、透明性確保の観点より、作成した匿名加工情報については、これに含まれる項目を公表し、当該匿名加工情報がどのような情報であるかわかるようにしなければならないこととしている（個情法36条3項）。本人は、自分の個人情報を取

図15　加工方法等情報の安全管理で求められる措置の具体例

講じなければならない措置	具体例
①加工方法等情報を取り扱う者の権限及び責任の明確化 （規則第20条第1号）	・加工方法等情報の安全管理措置を講ずるための組織体制の整備
②加工方法等情報の取扱いに関する規程類の整備 及び当該規程類に従った加工方法等情報の適切な取扱い 並びに加工方法等情報の取扱状況の評価及びその結果に基づき改善を図るために必要な措置の実施 （規則第20条第2号）	・加工方法等情報の取扱いに係る規程等の整備とこれに従った運用 ・従業員の教育 ・加工方法等情報の取扱状況を確認する手段の整備 ・加工方法等情報の取扱状況の把握、安全管理措置の評価、見直し及び改善
③加工方法等情報を取り扱う正当な権限を有しない者による加工方法等情報の取扱いを防止するために必要かつ適切な措置 （規則第20条第3号）	・加工方法等情報を取り扱う権限を有しない者による閲覧等の防止 ・機器、電子媒体等の盗難等の防止 ・電子媒体等を持ち運ぶ場合の漏えい等の防止 ・加工方法等情報の削除並びに機器、電子媒体等の廃棄 ・加工方法等情報へのアクセス制御 ・加工方法等情報へのアクセス者の識別と認証 ・外部からの不正アクセス等の防止 ・情報システムの使用に伴う加工方法等情報の漏えい等の防止

※ガイドライン（匿名加工情報編）17頁。

り扱っている事業者の公表内容を確認することで、匿名加工情報が作成されているかどうか、また、適切な加工がなされているかどうかを確認する端緒を得られ、場合によっては、苦情を申し出ることができる。委員会が違反行為を捉えて適切な監督を行う端緒となることも想定される。

　これに加えて、作成した匿名加工情報を第三者に提供するに当たっては、あらかじめ、インターネット等を利用し、第三者に提供する匿名加工情報の項目（例えば、利用日時、性別、購買履歴等）とその提供方法を公表し、そして、提供しようとするデータが匿名加

工情報であることを相手に対して明示（受領者に対して電子メール、書面等の適切な方法でその旨明らかとすれば足りる）しなければならないこととしている（同条4項）。これは、一見重複する義務のように思われるが、作成された匿名加工情報の一部を提供することもあり得るため、実際に提供される匿名加工情報についての公表がなされるようにしているものである。そして、明示が義務付けられるのは、提供を受ける者が、匿名加工情報であることを認識することによって、これに課される義務の履行を担保するためである。

こうして、公表については、匿名加工情報の作成時及び提供時に行われることとなっており、これによって、匿名加工情報の流通を含めた取扱いを一定程度トレースすることができることとなる。

施行規則21条から23条までが公表・明示について詳細を定めるが、匿名加工情報の作成の委託を受けた者について委託元が公表することでも足りることも明らかとしている。

なお、反復継続してなされる作成・提供については、個人に関する情報の項目及び加工方法が同じである限り、最初の公表に際し、その期間又は継続的な作成等を予定している旨明らかにすることで、都度公表することは不要とされている。

　　(オ)　識別行為の禁止

識別行為の禁止とは、作成の元となった個人情報から識別される具体的な個人が誰であるかを特定するために、他の情報と照合する行為を禁止することをいう。作成者であれば、元となった個人情報そのものと照合することが典型的であろう。

匿名加工情報は、自由な流通と利活用を促進するためのものである。そこで、その過程で特定の個人が識別され、不適切な取扱いがなされることによって権利利益侵害が生じないようにするため、作成者において適切な加工がなされるようにするとともに（個情法

36条1項)、加工方法等の漏えい防止のための安全管理措置(同条2項)が図られるように規律を設け、これによって再識別をされないように担保しようとしている。

　しかしながら、前述のとおり、再び作成の元となった個人情報に関する特定の個人を識別する可能性及び復元の可能性については、加工によって全くなくすことが求められるものではない。何らかの手段で元の個人情報の本人が識別されたり、元の個人情報が復元されたりすることがあり得る。そこで、匿名加工情報の安全・安心な流通及び利活用ができるよう、識別行為の禁止という義務を設け、制度上の担保措置としている。

　ここで、識別行為の禁止は、本人を識別するために行うことを規制するためのものである。これは、偶然の識別や違法性が阻却されるような状況での識別を除き、意図的に匿名加工情報に係る本人を識別しようとする目的をもって行うことをいう。作成の元となる個人情報を保有している場合であれば、当該個人情報と突合しているといった事情があれば、識別する目的をもった行為と認定されるであろう。具体的には、匿名加工情報に含まれる内容と全く同じ内容の情報を探して他の情報と突合していないかなど、諸処の事情から判断される。

　なお、特定の個人を識別し、本人に対して直接接触して何らかの働きかけを行うような利用をしたい場合は、本人関与(同意や、請求権への対応等)を保障し、個人情報の規律の下で取り扱う必要がある。「なぜ作成者にまでこのような義務を課すのか、事業者の自由ではないか」という意見については、匿名加工情報として、個人情報とは異なる規律の下に活用する以上は受け入れられない。

　匿名加工情報は、自ら活用されたり、積極的に活用しなくとも、保有し続ける限りは、匿名加工情報という新たな制度の担保、ひい

ては作成の元となった個人情報に係る本人の権利利益保護のために、識別行為が禁止されていなければならない。

> **コラム10　匿名加工情報を作成した事業者が自ら利活用することはできるか？**
>
> 　匿名加工情報は、個人情報を加工して、特定の個人を識別することができず、かつ、作成の元となった個人情報を復元できないようにしたものであって、識別する意図をもって取り扱わなければ、個人の権利利益を侵害しないものとして規定されている。そのため、個人情報取扱事業者が、個人情報を加工して匿名加工情報とすれば、個人情報（個人データ）の取扱いに課せられる利用目的規制（個情法15条、16条、18条）や第三者提供規制（個情法23条）と無関係に、これを自由に利活用できる。ただし、これまで述べてきたとおり、復元の可能性を全くなくしたものではないため、識別行為禁止義務が設けられている（個情法36条5項）。識別行為禁止義務は、匿名加工情報を、当該匿名加工情報の作成に用いられた個人情報に係る本人を識別するために、「他の情報」と照合することを禁ずる。この「他の情報」には、その元となった個人情報を含んでいる。
>
> 　たとえ元となった個人情報と照合することをしなくとも、匿名加工情報の作成者たる個人情報取扱事業者においては、匿名加工情報も元となった個人情報と「容易照合性」があり、まとめて個人情報となってしまうのではないか、または、このような場合の匿名加工情報は個人情報と匿名加工情報それぞれの規律に従って取り扱わなければならないのではないかとの誤解を受けることがある。
>
> 　ここで、「容易照合性がある」とは、事業者において通常の業務における一般的な方法で、個人を識別する他の情報との照合が可能な状態にあるという（2(1)ウ参照）。匿名加工情報は、特定の個人を識別することができず、作成に用いた個人情報を復元することができないように加工したものである。「復元することができないようにする」とは、情報を削除・置換すること及び作成の元となった個人情報との間の共通の識別子を削除することを含み、照合することが難しくなっている。さらに、匿名加工情報の作成者たる個人情報取扱事業者には、加工方法についての安全管理措置義務、識別行為禁止義務が課せられている（同条2項・5項）。このような法的義務を踏まえると、作成の元となった個人情報と、作成された匿名加工情報とは、通常の業務における一般的な方法で照合することができる状態にあるとはいえず、匿名加工情報の作成者たる個人情報取扱事業者においても、匿名加工情報

は、容易照合性の問題が生じるということにはならない。

㈏ 安全管理措置等

匿名加工情報は、特定の個人を識別することができなくするとともに、作成の元となった個人情報へ復元することができないように加工されているものであることから、漏えいや不正提供を契機として適切な取扱いが望めないような事業者が取り扱うこととなったとしても、直ちに個人の権利利益が侵害されるものではない。

匿名加工情報に関する安全管理措置（個情法36条6項）についても、内容は個人情報に係る安全管理措置（個情法20条）と大差なく、具体的に対策がとられるべきは過失や外部からのハッキングによる漏えい、従業員による不正な持ち出しなどであるが、事業者の過度の負担とならないように、努力義務とされている。

したがって、委員会の監督権限（個情法41条）は「努力」すら行われていないような場合にしか行使され得ないが、一応必要な措置に努めていたとして、匿名加工情報の漏えいや不正提供が生じた場合にどのような事後的対処があり得るか。匿名加工情報が不正競争防止法上の営業秘密に該当する場合には、不正な持ち出しは不正競争防止法によって抑止される。また、匿名加工情報の漏えいや不正提供によって実際に事業者や本人に損害が生じた場合には不法行為に基づく損害賠償請求等によって民事上の救済が図られることもあり得る（もっとも、どこかの段階で作成の元となった個人情報への復元が行われない限り、損害の発生は容易には想定し難い）。

その他の個人情報保護法36条6項の努力義務の内容としては、匿名加工情報の苦情処理のために窓口を設けて対応すること（「苦情の処理」）や、匿名加工情報をどのように取り扱っているのかを明らかとすることが考えられ、行っている措置内容はプライバシーポリシーに掲載すること（「当該措置の内容を公表」）等が考えられる。

イ　匿名加工情報の受領者に求められること

　匿名加工情報取扱事業者とは、匿名加工情報を体系化し、検索可能な形にデータベース化して事業の用に供している者をいう（個情法2条10項。「個人情報取扱事業者の匿名加工情報版」と考えていただけるとわかりやすいのではないか）。匿名加工情報取扱事業者に対する規律は、他者が作成した匿名加工情報を利活用する場合に課せられる（個情法37条～39条。なお、「他者が作成した」とある通り、自ら作成した匿名加工情報を取り扱う場合は、個情法36条各項が適用される）。

　匿名加工情報取扱事業者に課せられる規律は、基本的には、作成者に課せられる義務と同じであり、①第三者へ匿名加工情報を提供する際の公表と明示（受領した匿名加工情報を二次加工して第三者に提供する場合を含む。個情法37条）、②識別行為の禁止（個情法38条）、そして、③苦情処理・安全管理措置等（個情法39条。努力義務）である。作成者に課せられる規律との差異は、②について、加工に関する情報を取得することについても禁止されるところにある（作成者は、自ら作成した匿名加工情報に係る「加工に関する情報」を保有していることが通常であり、取得を禁止することは不合理であることから義務とされていない。個情法36条5項対照）。識別行為禁止義務に反する行為としては、例えば、加工の経緯がわかる資料等から、削除された記述等の復元や加工方法の特定を試みることや、匿名加工情報に含まれる内容を、自社の個人情報データベース等と名寄せしたりすること等が想定される。なお、識別行為禁止義務には、「本人を識別するために」という限定（識別目的）があり、委員会の実際の監督に当たっては、識別目的であるか否かは、例えば、匿名加工情報に含まれる内容と全く同じ内容の情報を探して他の情報と突合していないかなど、諸処の事情から判断される。

4　利活用を促進するために

図 16　匿名加工情報の作成と提供についての仕組み

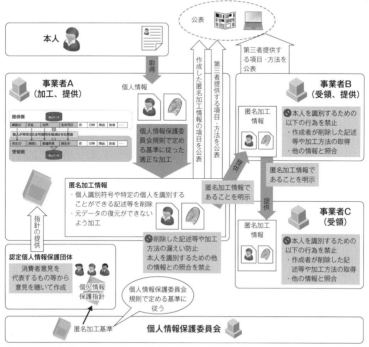

※ PD 検討会第 13 回資料 1・12 頁に修正を施したもの。

　適正な加工がなされた匿名個人情報を受領しているにもかかわらず、なぜこのような識別行為禁止義務を課せられるのかという疑問も聞かれる。匿名加工情報は、自由な流通と利活用を促進するためのものであり、その過程で特定の個人が識別され、不適切な取扱いによって権利利益侵害が生じないようにしなければならない。匿名加工情報は「復元することができないように」加工されているとはいえ、技術的に全く不可能なレベルで復元できないようにすることが要求されるわけではないので、再び識別する可能性が全くないわけではない。そこで、制度面からも匿名加工情報の安全性を担保するように、匿名加工情報取扱事業者にも識別行為禁止義務が設けら

れている。
　ウ　不適切な取扱いに対する措置について

　匿名加工情報は、特定の個人を識別することができないように制度的に担保されたものであり、基本的にそのままであれば個人の権利利益を侵害するものではないことから、匿名加工情報を取り扱う場合に、その作成に用いられた個人情報に係る本人の同意を取得する義務や、事前又は事後に本人に通知するなどの本人関与の規定は設けられていない。その代わりに、適正な加工や作成・提供に際しての公表、識別行為の禁止等、匿名加工情報を取り扱うに当たっての一定の規律が設けられている。これらの規律が守られないと、そもそも匿名加工情報になっていない（個人情報のままである）とか、分析等利用する過程で匿名加工情報から個人情報に戻ってしまうことがあり得、これは個人の権利利益侵害につながりかねない。匿名加工情報の作成は事業者の内部で行われるため、個人情報に係る本人からは感知することは難しく、委員会による適切な監督がなされることがいっそう求められる。

　匿名加工情報の不適切な取扱いが疑われる場合には、委員会は、事業者の公表内容により問題点を見つけることや、本人からの苦情を受けることを端緒として、事業者から任意に話を聴くなどしてその事実関係を精査し、必要に応じて報告徴収及び立入検査を行う（個情法40条）ほか、問題があれば勧告や命令を行うこと（個情法42条。一部義務規定を除く）により事業者を適切に監督し、違法な状態を是正することによって、個人の権利利益の侵害を防止することとなる。

コラム11　匿名加工情報を実際に扱う現場でどうするか？
　ここでは、よくある疑問として、①匿名加工情報の作成・提供について委託、合併等、共同利用といった第三者提供の例外事由が影響し

てくるか、という問題と、②識別行為禁止についてどのように対処したら良いのか、という問題を取り上げる。
　①　匿名加工情報の作成・提供について委託、合併等、共同利用といった第三者提供の例外事由が影響してくるか
　匿名加工情報の作成・提供については、特段、委託、合併等、そしてグループによる共同利用に関する例外事由が設けられていない。これらの適用関係はどうなるか。
　匿名加工情報の作成を委託する場合というのは、作成の元となる個人情報そのものを委託先に提供することに当たり、通常の個人データの取扱いの委託と同じである。個人情報保護法23条5項に基づき、委託先は第三者に該当せず、本人の同意なく委託先に提供できる。
　匿名加工情報の作成「以外の」取扱い、例えば、個人情報取扱事業者が自ら作成した匿名加工情報の分析等を委託する場合はどうなるか。この場合、個人情報保護法37条の適用があり、提供に係る匿名加工情報に含まれる項目の公表と匿名加工情報である旨の明示が必要となる。つまり、個人データでいう委託（合併等及び共同利用も同様）に相当する類型であっても、提供先は同条の「第三者」に該当する。既に匿名加工情報が作成されている場合の、当該匿名加工情報が委託や共同利用される場合委託先や共同利用先は「匿名加工情報取扱事業者」からは排除されておらず、各々が匿名加工情報に関する規律に服することが求められる。匿名加工情報取扱事業者には委託先の監督義務（個情法22条）や、共同利用に関する規律（個情法23条5項3号）は設けられていないので、これらについてもフラットに規律が及ぶ。
　②　識別行為禁止についてどのように対処したら良いのか
　匿名加工情報には識別行為の禁止が定められているため、どのように利活用すれば良いのか、取扱いに戸惑う声がある。
　識別行為の禁止とは、匿名加工情報の作成の元となった個人情報に係る本人を識別する目的をもって（「識別するために」（個情法36条5項、38条））、①加工の方法に関する情報を取得すること（自ら作成した匿名加工情報については、①の義務を課せられない。個情法36条5項と38条を対照）又は②他の情報と照合することをいう。あくまで識別しようとする目的をもった行為を規制するものであって、匿名加工情報を利活用するうちに偶然本人を識別することまで違法となるものではない。ただし、偶然にではあっても個人情報となってしまえば、個人情報についての義務規定が適用されることには注意しなければならない（偶然匿名加工情報になってしまった場合に義務が生じないのとは対照的である）。

> 　匿名加工情報取扱事業者が保有する、別の匿名加工情報とともに研究開発に活用することや、個人情報に該当しない限度で情報を付加して活用・販売すること等については、識別行為の禁止に反するところはなく、問題なく利活用が認められる。
> 　本人に対して直接接触して何らかの働きかけを行うような、誰であるかわかる形でのサービス提供を行いたい場合は個人情報として、そうではなく、新製品や新サービスを生み出すための情報分析等を行うためには匿名加工情報として、事業者ごとのニーズに合った形で選択していただければと思う。

(2)　個人情報の利用目的制限の緩和

ア　個人情報の取扱いと利用目的

　個人情報は、取り扱う目的を特定し、これを本人に対して明らかにして、その範囲内で扱わなければならない（個情法15条1項、16条1項・2項）。

　より詳細には、個人情報保護法は、個人情報を取り扱うに当たってできる限り利用目的を特定しなければならないとし（個情法15条1項）、実際に個人情報を取得した場合、個人情報取扱事業者は、あらかじめ特定した利用目的を公表していない場合は、これを本人に速やかに通知するか、又は公表することが求められる（個情法18条1項。目的変更の場合も同様の手続が求められる。同条3項）。また、書面（電磁的な記録によるものを含む）で直接個人情報を取得する場合は、生命身体や財産的損害を生じるような緊急の場合を除いて、あらかじめ本人に特定した利用目的を明示する必要がある（同条2項）。なお、防犯ビデオカメラのように、犯罪予防や実際に犯罪行為があった場合の証拠として録画、取り扱っていることが明らかであるような場合には、取得の状況からみて利用目的が明らかであることから、改めて利用目的を通知等することを要しない（その他の例外については同条4項）。

図17　個人情報の利用目的に関する規律

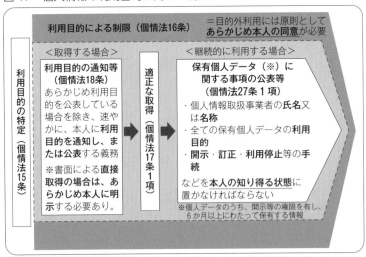

※消費者庁平成26年度説明会資料を改正に合わせて修正を施したもの。

　利用目的を変更する範囲については制限があり（個情法15条2項）、これを超えた目的外利用（あらかじめ本人の同意を得ないで、利用目的の達成に必要な範囲を超えて個人情報を取り扱うこと）はできないこととされている（個情法16条）。

　個人情報取扱事業者が個人情報を取り扱うに当たって利用目的をできる限り特定しなければならないとされる趣旨は、個人情報の本人に対して「自分の情報がどう使われているのか」というところをわかるようにしておく、というところにある。これにより透明性が確保され、本人自らが権利利益侵害の防止に必要な対応を図ることができる。典型的には、異常な利用目的を掲げている場合には、そもそも個人情報を提供しない、というリスク管理が可能である。このことから、利用目的規制は個人情報保護法の根幹の一つであり、利用目的の変更が認められる範囲は、法の趣旨を損なわないように、「変更前の利用目的と相当の関連性を有すると合理的に認めら

れる範囲」とされ（改正前個情法15条2項）、無限定な目的変更は認められていなかった。

このように利用目的の変更は、「相当の関連性」がある範囲でのみ認められると規定されていたことから、これまで厳格な解釈・運用がなされていた（例えば、事業者が、個人情報を購入された商品のアフターサービスに用いるとして取得していたところ、当該商品に係る事故等のトラブルが生じた際に製品事故情報を本人へ通知する必要があるため利用目的の変更をしたい場合に、これを躊躇したというようなことが指摘されていた）。

イ　利用目的変更要件の緩和
(ｱ)　利用目的を変更できる範囲を拡大する

今回の改正は、「相当の」を削除することにより、変更できる利用目的の範囲を、本人が予期し得る限度で拡大することとし、利用目的を特定させる趣旨を損なわないようにしつつ、事業者の機動的な目的変更を可能となるような制度を目指している。これによって、様々な活用態様が可能となる中で、取得した個人情報を当初想定できなかった新事業・新サービスで活用したい場合、当初の利用目的と関連性を有すると合理的に認められる範囲内であれば、時機を逃さずに新事業等を始められることとなった。

例えば、フィットネスクラブが、体型維持・体質改善のためのプログラムを提供するサービスを行っているとする。このプログラムの一環として、顧客の食事メニューの指導のために個人情報を取り扱っていたところ、これらの顧客に対して、新たにその食事メニューに関する食品の販売サービスを始めることが考えられる。既に行っているサービスは、顧客の生活パターンや、身長・体重・体組成に関する情報という個人情報を用いて最適な食事メニューを検討し、当該顧客に対して提示・その後の運動等のプログラムが組ま

れるものである。この食事メニューを実践するために、実際に使用する食品を販売することは、既存のプログラムを補完し、当初の目的を達成するためにより効果的なサービスを提供するための利用目的であるといえる。したがって、このような変更については、「食事メニューの指導」に関連するものであるため、顧客が通常予期し得る範囲内であると考えられる。

　なお、国会審議において政府が具体例として答弁したものに、「個人の電力使用量の傾向」を用いたサービスがある。電力会社は、顧客に省エネを促す目的で、家庭内の機器ごとの電力使用状況を収集し、電力使用量を数値化して顧客に提示することを通じて省エネに関するアドバイスを行うという「見える化」するサービスを行うことがある（「見える化」の具体的なサービス内容は、オプション等を含めて事業者によって様々である）。このサービスに加えて、同じ収集した電力使用状況を数値化したデータを分析し、その顧客の安否確認サービスや、家電制御技術の研究開発を行うことができるようにすることは利用目的変更の範囲内であるとされていた。これについては、変更前後の利用目的は、どちらも、事業者が把握した個人の電力使用量の傾向を分析し、その結果を何らかの形で顧客に提示・提供するという点が共通している。この範囲であれば、本人は見える化サービスの提供を受けるに当たって利用の変更の幅として予想を裏切るものではないとの見解であったが、賛否につき双方の意見が多くあった。

　もともと、利用目的変更はほとんど使われてこなかったことから、「相当の」が削除されたことによる影響を、法解釈や今までの運用から推し量ることは困難である。委員会は、Q&A等において具体例を示すなどし、事業者・本人の理解を得られるよう、混乱をきたさないようにする必要に迫られていた。

(イ) 本人が想定できる利用目的の幅

ここで、「相当の」を削除したことによって、第三者提供ができることとなるような利用目的変更も可能となるのではないか、という不安が聞かれる。

利用目的変更前に第三者提供ができるような利用目的を設定していない場合に、利用目的を変更して個人データを第三者へ提供することを加えることが「関連性を有すると合理的に認められる範囲」内であると考えることは原則として不可能であろう。例えば、契約をするに当たって自らの氏名、住所、連絡先を記載した者は、契約内容を実現するためにこの情報が利用されることは理解していても、自分の情報が他者へ渡る、ましてや販売されるなどということを予想することは難しい（例えば、他者へデータを提供するようなビジネス上の要請というのは、名簿や電話帳、カーナビといった形で広く販売するような場合、あるいは顧客へのサービス提供の必要でグループ会社や関連会社に顧客の連絡先を提供する場合に存在する。これらの場合、第三者へ個人データが提供されることが前提となった事業実態があり、事業者は個人情報の取得に際して利用目的にこれを掲げ、そして本人は第三者へデータが提供される、共有されるのだということをわかった上で事業者へデータを渡しているであろう。これらと比較すれば、わかりやすいのではないか）。

したがって、取得に当たって（あるいは変更した利用目的を通知等するに当たって）その事業者以外の者がデータを取り扱うことを本人が想定し得るような利用目的を掲げていなければ、やはり個人データを取り扱う主体が変わるような場合は「変更前の利用目的と関連性を有すると合理的に認められる範囲」にあるとは言い難い。

ガイドライン（通則編）3-1-2においては、「本人が通常予期し得る限度と客観的に認められる範囲」という基準が挙げられ、「本人

4 利活用を促進するために

の主観や事業者の恣意的な判断によるものではなく、一般人の判断において、当初の利用目的と変更後の利用目的を比較して予期できる範囲をいい、当初特定した利用目的とどの程度の関連性を有するかを総合的に勘案して判断される」と説明される。

このように、一般的には、当初の利用目的として第三者への個人データの提供が行い得るような形でデータが取り扱われることが、その利用目的から本人が予期することができる範囲にとどまっているとは考え難い。もっとも、具体的には個々のケースでどのような利用目的とそれによるサービス提供等の取扱いがなされているかをみて判断されることとなる。

委員会Q&Aでは、Q2-8において、変更が認められる具体的類型を例示した。個人情報取扱事業者が、①提供する既存商品・サービス（商品等）のお知らせを利用目的としている場合に新規の関連商品等のお知らせを追加すること、②取り扱う既存商品等の提供を利用目的としている場合に新規の関連商品等のお知らせを追加すること、③取り扱う商品等の提供に、提携先が提供する関連商品等に関する情報のお知らせを追加することを挙げている（取り扱う商品等の提供については、およそ個人情報取扱事業者が取り扱う全ての商品等の提供のためであれば個人情報を利用できるとするもので、そもそも利用目的を特定できているといえるか、疑問が残る。実際に個人情報取扱事業者が利用目的を定める際は、事業に則して具体的に定める必要があろう）。具体的には、フィットネスクラブの運営事業者が、会員向けにレッスンやプログラムの開催情報をメール配信する目的で個人情報を保有していたところ、同じ情報を用いて新たに始めた栄養指導サービスの案内を配信する場合（①）、防犯目的で警備員が駆け付けるサービスの提供のため個人情報を保有していた事業者が、新たに始めた「高齢者見守りサービス」について、既存の顧客に当

該サービスを案内するためのダイレクトメールを配信する場合（②）であるとする。

　要約すれば、変更前の利用目的の対象である商品等と関連する商品等のお知らせを送ることができるという内容に利用目的を変更できるというものであって、商品等が関連すれば提供主体が別会社であったとしてもお知らせを追加できるとした点は若干踏み込んでいるが、「提携先」という限定を付しており、その範囲はなおも明確とは言い難い。しかしながら、現時点では事業者は上記Q&Aを敷衍して変更可能な範囲を検討するほかない。

　その他、聞かれる懸念としては、例えば遺伝子検査や鉄道の利用など、およそ広告配信とは関係がないサービス利用のために提供された個人情報から、本人の選好が分析されて、さらに広告配信のために用いられるのではないか、というものがある。これについても本人が到底予期し得ないような目的変更の事例であると考えられ、本人の同意なしには許されない。

　いずれにせよ、本人の不安感を払拭しつつ、事業者が適当な範囲で利用目的を変更して個人情報を利活用できるようにしていくことが求められる。

> **コラム12　本人が利用目的とその変更の範囲を十分に認識できるようにするために**
>
> 　利用目的の変更については、不意打ちとなる目的変更を避けることとなるような対策が求められる。そのためのポイントは、個人情報を取得する際に、事業者はできる限りその利用の目的を特定することにある。
>
> 　先に述べた通り、利用目的を明らかとすることは、透明性を確保し、本人の適切な権利行使を可能とすることから、個人の権利利益侵害の防止につながる。利用目的変更は、当初の目的との関係で本人が予期し得るようなものなければならないが、十分に利用目的が特定されることによって「関連性を有すると合理的に認められる範囲」を本人が

4　利活用を促進するために

認識することができるようになる。また、そうすることは、当事者間の誤解やトラブルを防ぐことにも有効である。

　事業者には、新たなビジネスニーズに機動的に対応したいという要請があることから、このように取扱いを始めるに当たって利用目的を特定することが、変更の幅を狭めるマイナス要素に映るかもしれない。しかしながら、個人情報は不適切な取扱いによって本人に損害が生じ得ること、そして、当事者間の信頼関係があって初めて円滑な取扱いが可能となるであろうことから、この点についても配慮されることが望ましい。あえてなるべくわかりづらいところにプライバシーポリシーを設置し、小さなフォントで記載しておけば良いなどというのは論外である。また、あらかじめプライバシーポリシーで利用目的を公表していたとしても、取得の経緯からは本人が予測し難いような利用目的については、別途通知を出し、場合によっては同意を得ることも考えられる。その際、複雑な利用目的についてはわかりやすい図を入れることも推奨される。

　そして、実際に利用目的を変更するに当たっては、本人がそれを認知することができるようにしなければならない。本人が実際に変更された利用目的を知ることができるよう、適切な通知や公表を行うことが求められる。

5　民間の取組みを促すことによる個人情報の適正な取扱いの確保

　個人情報保護法は、個人・法人等、どのような者であるか、営利・非営利等、どのような活動を行っているかにかかわらず、個人情報を、検索することができるように体系的に構成して事業活動に利用している者を規律する。このことは、全ての個人情報の取扱いのボトムを定めて権利利益侵害を防止することができる反面、事業者の多様性に細かに対応することには不向きなところがある。また、個人情報の取扱いは、事業者と本人という私人間の関係において行われるものであるが、一方の当事者である本人を代表するような者の意見がこれに反映されることが望ましい。このことから、『パーソナルデータの利活用に関する制度改正大綱』には、民間団体が、匿名加工情報の加工方法を含む法令等の規定や法令等が規定

していない事項について、情報の性質や市場構造等の業界・分野ごとの特性及び利害関係者の意見を踏まえてルールを策定し、第三者機関が当該ルール又は民間団体の認定等を行うことができることとするという趣旨の記載がなされ、そして、この点に関連して、マルチステークホルダープロセス（ここでは、国、事業者、消費者、有識者等の関係者が参画するオープンなプロセスでルール策定等を行うことをいう）の考え方を活かすとされていた。

　このような考え方の下、消費者等の意見を反映するために、改正前個人情報保護法においても採用されていた、認定個人情報保護団体が既に行っている取組みを活用することとしつつ、個人情報保護指針制度を改正することによって対応がなされた。具体的には、マルチステークホルダープロセスの視点を取り入れ、認定個人情報保護団体によって作成される個人情報保護指針がより適正なものとなるよう、認定個人情報保護団体が同指針を作成する際には、消費者の意見を代表する者その他の関係者の意見を聴くことを努力義務とすることで反映されている。

　これによって、同業種や業界ごとの個人情報や匿名加工情報の取扱い実態に見合った、かつ、関係者間で合意形成された個人情報保護指針に基づいて、対象事業者における個人情報や匿名加工情報の適切な取扱いがなされることとなり、事業者・本人の双方にとって円満な関係が構築されることが期待される。

(1) **認定個人情報保護団体**

　認定個人情報保護団体は、業界・事業分野ごとの民間による個人情報の保護の推進を図るため、個人情報取扱事業者の個人情報の適正な取扱いの確保を目的として、業務の対象となる個人情報取扱事業者についての苦情の処理、情報提供等の業務を行うものである。そして、主務大臣制の下、団体の業務に関する事業分野の所管に応

じた大臣が認定する仕組みがとられていた。

　このような枠組みは、(i)個人情報の取扱いは本人と事業者との間で行われるものであって第一次的には当事者間でその適正な取扱いが確保されることが望ましいこと、(ii)個人情報保護法上の義務が遵守され適切な個人情報の取扱いが図られるためには、個人情報取扱事業者の事業分野等その特性を理解した業界団体等が自主的な取組みを行うことによってよりきめ細かな対応がなされることが望ましいことから採用されている。

　このような趣旨の下、主務大臣の認定を受けた民間団体は平成28年2月時点で43団体があり、金融、医療、情報通信から冠婚葬祭業や小売業まで、幅広い分野の団体が認定を受けて活動している。改正後は、認定や認定取消し等の主務大臣に与えられていた権限は、委員会に集約される。そこで、改正法施行後、新たに認定個人情報保護団体となろうとする団体は、委員会の認定を受けることとなる。既にある認定個人情報保護団体については、個情・番号法改正法附則4条1項により、引き続き認定が有効となることから、業務に変更のない限り、改めて認定を受ける必要はない（新たに匿名加工情報に関する業務を追加する場合は、その実施方法や能力について、改めて審査する必要がある）。

　認定個人情報保護団体は、①対象事業者（各認定個人情報保護団体の構成員である個人情報取扱事業者）の個人情報の取扱いに関する苦情の処理、②個人情報の適正な取扱いの確保に寄与する対象事業者に対する情報の提供、③その他対象事業者の個人情報の適正な取扱いの確保に関する必要な業務を行うこととされており、これら全ての業務を行うことが必要である（個情法47条1項）。改正によって、新たに匿名加工情報に関する業務が追加されるが、既存の認定個人情報保護団体は、必ずしも匿名加工情報についても業務を行う必要が

あるわけではない。認定個人情報保護団体は、取り扱う業務が個人情報関連のみであっても、匿名加工情報関連のみであっても認定を受けることが可能であり、業務の範囲に含めるか否かは各団体の判断による。

そして、団体が認定を受けるためには、欠格事項（個情法48条）のいずれにも当たらない者が、前述の①から③の業務を適正かつ確実に行うために、[1] 必要な業務の実施方法が定められていること、[2] 知識と能力、そして経理的基礎を有すること、[3] その他の業務を行っている場合には、前述の①から③の業務遂行が不公正になるおそれのないものであることのいずれにも適合していると認められることが求められる（個情法49条各号）。これは、認定個人情報保護団体の業務として求められるものを遂行するだけの団体的な基礎を有しているか否かが判断されるものであって、これが確認された場合であれば認定されることを意味している。

実際に認定を受けるに当たっては、委員会に対して、委員会が策定する申請手続に関する指針に則った申請を行う必要があるところ（個情法47条2項）、現在、この指針として、「認定個人情報保護団体の認定等に関する指針（案）」がパブリックコメントに付されている。この指針（案）では、改正前に各省が行っているものと同様、申請書の様式及び添付書類等が作成されることが求められており、案段階ではあるものの、申請に当たってはこれらの書類を添付して行うこととなろう。また、既存の認定個人情報保護団体が匿名加工情報に関する業務を追加する場合は、業務内容を変更する手続に則ることとなる。具体的には、匿名加工情報に関する業務を実施する前に、業務の変更に関する申請を委員会に行うこととなる。

(2) **個人情報保護指針**

認定個人情報保護団体は、苦情の処理や事業者への情報提供等の

業務を行うが、対象事業者に対する情報提供業務には、「個人情報保護指針」の策定が含まれる。個人情報保護指針は、利用目的の特定や安全管理のための措置等、個人情報保護法上の個人情報取扱事業者の各義務規定に関する事項について、業界・事業分野の特性に応じた具体的な履行方法等を法律の規定の趣旨に沿って定め、公表する自主的なルールである（なお、指針の策定自体は努力義務にとどまる）。平成 28 年 1 月時点で 44 の指針が策定されているが、個人情報保護指針を公表した場合には、認定個人情報保護団体は、対象事業者に対し、当該指針を遵守させるために必要な指導、勧告その他の措置をとるよう努めることとされていた（改正前個情法 43 条 2 項）。

個人情報取扱事業者は、営利・非営利の別、業種等によることなく、個人情報をデータベース化して事業活動に利用している者をいう。主体の業種等によって取り扱われる個人情報も様々であり、その取扱い方も一様ではない。そこで、業務の対象としている事業者に遵守させる自主的なルールを定めることができることとされているものである。

今回の改正においては、個人情報保護指針の内容として法律上例示する事項に、匿名加工情報の加工方法等今回の改正を受けて新設される義務に関する項目を追加した上、指針を定める際には、消費者を代表する者その他の関係者の意見を聴くよう努めること、指針を定めた場合には委員会に届け出ることを新たに規定している（個情法 53 条）。さらに、認定団体の権限を強化する観点から、指針を遵守させるための指導、勧告等の措置をこれまでの「努力義務」から「義務」へと強化している。

この改正の趣旨は、①消費者その他の関係者の意見を聴いてルールを策定するマルチステークホルダープロセスの考え方を取り入れることで、個人情報保護指針の内容が公平で適正なものとなること

を目指すこと、②委員会が届出を受けた個人情報保護指針を一覧性のある形で公表することにより、国民にとってどの事業者がどのような指針の下で個人情報を取り扱っているのかがわかりやすいようにし、透明性を高めること、そして、③委員会が個人情報保護指針の内容及び運用について把握しやすくし、監督の実効性を高めることにある。特に、匿名加工情報の加工方法については、委員会規則で一律に定めることが難しい詳細なルール（例えば、具体的に、どのようなデータにどのような加工が必要であるか）を認定個人情報保護団体が個人情報保護指針として定め、その監督を行うことが期待されている。

　なお、個人情報保護指針の作成主体は認定個人情報保護団体となるが、認定個人情報保護団体のうちの一部の事業者が団体とは別に個人情報保護指針を定めるというようなことはできない。他方で、多様な事業者を対象とする認定個人情報保護団体が、複数の指針を定めたり、対象事業者の事業分野ごとに適用されるルールが異なるように指針を定めたりすることは排除されておらず、認定個人情報保護団体が、対象事業者のうちの一部の事業者向けにルールを作成し、個人情報保護指針とすることは可能である。

> **コラム13　認定個人情報保護団体が結成されていない分野はどうするのか？**
> 　個人情報保護法は、業界団体の自主的な取組みによる個人の権利利益保護を図るために、認定個人情報保護団体制度を設け、認定個人情報保護団体は「個人情報保護指針」を策定することができるとしている。改正においては、個人情報保護指針の策定段階で消費者意見を代表する者等から幅広く意見を取り入れる手続が採用されており、個人情報保護指針を活用していくことによって、個人情報の保護と利活用のバランスが図られた適正な取扱いにつながることが望まれている。
> 　もっとも、事業者団体が認定個人情報保護団体として認定を受けるかどうかは任意であり、仮に認定個人情報保護団体となったとしても、個人情報保護指針の作成は努力義務であることから、個人情報保護指針が存在しない分野は現在も存在するし、今後も生じることは十分考

> えられる。認定個人情報保護団体が存在しない場合や、個人情報取扱事業者又は匿名加工情報取扱事業者の事業分野における認定個人情報保護団体が存在していても、事業者がこれに加入していない場合には、適用される個人情報保護指針はなく、個人情報保護法が委員会ガイドラインに従って委員会により直接適用・執行される。委員会には、このような個人情報取扱事業者等が適切に個人情報・匿名加工情報を取り扱いつつ、事業活動に支障が生じないよう、ガイドラインやQ&Aでわかりやすい説明を行うことや、説明会等の広報啓発を行うことによって解決を図ることが期待される。

(3) 個人情報保護委員会による認定個人情報保護団体の監督

　認定個人情報保護団体は、対象事業者が個人情報保護指針に則って個人情報・匿名加工情報の取り扱っていない場合には、対象事業者に対して勧告等を行うことでその適切な取扱いを担保する。しかし、認定個人情報保護団体が適切な業務運営を行わず、対象事業者への勧告等を怠っている場合、委員会は認定個人情報保護団体への監督を行うこととなる。

　具体的には、認定個人情報保護団体に対し、施行に必要な限度で報告の徴収を求めることや、認定業務の実施方法の改善、個人情報保護指針の変更等を命じることができる。

　認定個人情報保護団体制度は、対象事業者の監視・監督の一部を認定個人情報保護団体に担わせるものであるが（委員会の対象事業者への直接の監督権限が失われるものではないが、認定個人情報保護団体が適切に監視・監督している限りにおいて、委員会の監視・監督権限が前面に出ることは少なくなると思われる）、背後に控える委員会が、"backstop regulator" として認定個人情報保護団体への監督を行うことによって、適切な個人情報等の取扱いを二段階で担保している。

コラム 14　苦情処理

　事業者が、個人情報の取扱いに当たって慎重を期していたとしても、事業者の不注意や当事者間のすれ違いから、本人との間でトラブルが生じることはあり得る。個人情報取扱いの当事者は、何らかの関係に基づいて個人情報が取り扱われていることが通常であろうし、これらは民・民間のものである。そこで、問題が生じた場合には、まずは当人同士で解決することが望ましく、その方がより柔軟かつ迅速な解決が図られるのではないかと考えられる。そこで、個人情報取扱事業者は、苦情の適切かつ迅速な処理と、そのための体制整備に努めなければならないとされている（個情法 35 条）。なお、匿名加工情報の取扱いについても、同様である（個情法 36 条 6 項、39 条）。

　そして、当事者間では解決が図られないような場合もあり得ることから、第三者的な立場から、事業者が所属する認定個人情報保護団体による対応も制度として担保されている。

　また、その他に、国民生活センターや地方公共団体（主に消費生活センター）等による対応がなされることがあり、このような形で、適正かつ円滑な個人情報の取扱い環境が保たれることとなる。

図 18　苦情の処理と行政の監督

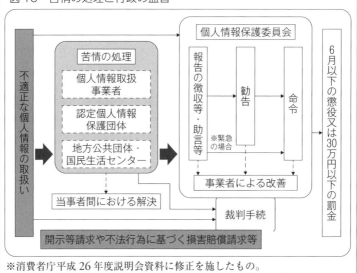

※消費者庁平成 26 年度説明会資料に修正を施したもの。

6 個人情報取扱いのグローバル化への対応

(1) 域外適用

ア 域外適用とは何か？

域外適用とは、主として行政法及び刑事法分野において、法令が国境を越えて適用される現象である。国家権力は原則として国境を越えないため、行政法や刑事法が国境を越えて適用されるのは例外的な事態であるが、独占禁止法、証券取引法、租税法などの分野では既にみられる。我が国でも、資金決済法における外国資金移動業者への規制は域外適用の一種に該当し、独占禁止法等、運用によって部分的に域外適用がなされる分野もみられる。

個人情報保護法は、改正により、明文で、一定の場合には外国にある個人情報取扱事業者に対しても本法を適用することを定めた（個情法75条）。

イ 個人情報保護法に域外適用が導入される根拠

近年、企業活動や物流がグローバル化し、外国に活動の拠点を有しつつ、日本向けのビジネス（電子商取引や音楽配信等）を行うことによって日本の居住者等から個人情報を取得する事業者が増加してきた。このような状況の下、日本の居住者等の権利利益の保護を図る観点からは、外国事業者に対しても日本として適切な個人情報の取扱いを求める必要性がある。

しかしながら、法の適用（立法管轄権）は属地主義（領域内で行われた事象に関して、管轄権が行使される）が原則であり、例外的に属人主義（日本国民による殺人罪、日本国民に対する殺人罪などが立法例、刑法3条、3条の2）、保護主義（行為者の国籍、行為地にかかわらず適用される外患誘致罪など、刑法2条）などが認められてきた。独占禁止法分野では、外国領域内における行為が自国に影響を与え、行為者がそれを予見できる場合には自国の独占禁止法が適用可能で

あるという効果基準（Effect Doctrine）が広く用いられる。

このように、自国の法がその領域外での行為や事象に対して適用されることは例外的なものであり、これに対して法の適用を及ぼすための法理、上記の属人主義や効果基準は、外国の事業者と日本との間に特別の関連性があることや、日本法の適用を及ぼす必要性・相当性等の合理的な理由があることを前提としている。

改正により導入された域外適用の背景の法理としては、標的規準（Targeting Criteria）と呼ばれる考え方が参照され得る。標的規準は、外国の行為者が、自国の個人を標的として何らかの行為を行った場合に、その行為に対して自国法が適用可能であるとするものである。外国において個人情報を取り扱う個人情報取扱事業者であっても、日本の居住者等を標的とした個人情報の取扱いを行う以上、その適正な取扱いを担保し、個人の権利利益を侵害しないよう防止することが求められることから、当該事業者と我が国との間の関連性が認められ、我が国個人情報保護法が適用されることが許容されるということになる。

ウ　域外適用される義務規定・監督規定

域外適用されることが明らかな規定は、個人情報保護法15条、16条、18条（2項を除く）、19条から25条まで、27条から36条まで、41条、42条1項、43条及び76条である。個人情報取扱事業者の義務（個情法第4章第1節）の規定はほぼ全て適用され、また、委員会の監督権限の一部が及ぶ。

匿名加工情報については、作成に関する規律のみ適用される。これは、物品・サービス提供に伴って取得された個人情報を用いる場合は適正な取扱いが担保される必要があるためである（個情法37条〜39条は域外適用されない）。

条文上、適正な取得に関する17条は含まれていないが、個人情

報の取得はその重要な部分が日本の領域内で行われる行為であることから、個人情報保護法75条を経由せずに直接適用されるものと考えられる（同様の考え方から、取得行為に関する18条2項についても直接適用があるものと考えられる）。この点は、ガイドライン（通則編）6-1も同様に記述している。他方、物品やサービスの提供に伴って日本国内にある者の個人情報を取得したことが要件とされることから、第三者提供を受けることを前提とする26条の確認等については適用されないものと考えられる。

委員会の監督は、指導及び助言（個情法41条）、勧告（個情法42条1項）に限られ、外国の国家主権と抵触しかねない報告及び立入検査並びに是正命令は適用されない。

エ　国内にある者に対する物品又は役務の提供に関連して

前述した通り、個人情報保護法の域外適用規定は標的基準を採用するものと考えられる。具体的には、「国内にある者に対する物品又は役務の提供に関連して」「その者を本人とする個人情報を取得した」場合に、その個人情報取扱事業者の個人情報の取扱いが対象となる。

どの段階から外国の事業者が「国内のある者に対する物品又は役務の提供」をしているといえるか、どの段階から外国の事業者が我が国の規制を遵守しなければならないのか、と関連して問題となるが、国内の者向けの物品の提供（インターネット通販等）又は役務の提供（インターネットサービス等）が用意された時点が一つの基準となると考えられる。具体的には、インターネット通販において、我が国向けの発送が可能になった時点なのか、日本語での説明が用意された時点なのかなどは、なお残された論点である。

オ　その者を本人とする個人情報を取得した

「取得した」とは、本人から直接取得したことを指す。「国内のあ

る者に対する物品又は役務の提供」に伴い、本人が個人情報を直接提供することが想定されている。

例えば、日本国内の親会社が本人から個人情報を取得し、本人の同意を得て外国の事業者である子会社に提供し、当該外国の事業者が本人に対する物品又は役務の提供を行う場合には、個人情報保護法75条の適用はない。一方で、このような場合には、日本国内の親会社に対しては法の適用があることから、同社には、外国への個人データの移転に関する規律を含む、第三者提供の際の義務（個情法23条～25条）の履行が求められる。したがって、提供先の外国事業者である子会社に法の適用が及ばないとしても、別の形で個人情報の保護は図られていることとなる。他方で、日本国内で本人から個人情報を取得し、当該個人情報とともに外国に拠点を移すような場合には、個人情報保護法75条が適用される。「取得した」時点で外国にいることは要件となっていない。また、外国の事業者が日本に拠点（支店）をもっているが、外国法人のままである場合にも、日本国内に個人情報取扱事業者の存在が観念できないことから、同条を経由して域外適用することになる。

(2) 執行協力

ア　外国執行当局への情報提供

(1)で解説したとおり、個人情報保護法は改正により域外適用を導入し、委員会は外国の事業者に対して直接指導及び助言（個情法41条）及び勧告（個情法42条1項）を行うことができる。他方で、外国の主権との関係から、報告の徴収、資料提出要求、立入検査、是正命令等は行わないこととされている。このように、委員会が国境を越えて直接監督を行うことには限界がある。

そこで、外国の事業者における個人情報の取扱いに関して居住者等の日本国内の本人の権利利益を保護するために、外国執行当局に

よる執行を促す必要がある。また、我が国の事業者が、外国の国民の個人情報を含んだ個人情報の取扱いに関して違法行為を行った場合には、外国の執行当局から問い合わせが来ることがある。

このような場合に、外国執行当局との間で円滑な情報共有が図られる必要があることから、個人情報保護法は外国執行当局への情報提供（個情法78条）の仕組みを設けた。

なお、このような外国執行当局への情報提供の条項は、他の法令にもみられるものであり、特に特定電子メールの送信の適正化等に関する法律30条は、個人情報保護法78条とほぼ同様の条文である。

イ　外国執行当局

外国執行当局とは、この法律（個情法）に相当する外国の法令を執行する外国の当局をいう（個情法78条1項）。具体的には、欧州等におけるプライバシーコミッショナー等が想定されている。米国は包括的なデータ保護法をもたず、連邦取引委員会は、欺瞞的な取引又は慣行を禁ずる連邦取引委員会法5条を中心的に執行しているが、分野別のデータ保護法令の執行等も行っており「外国執行当局」に該当しているということになろうか。

個人情報保護法は個人情報取扱事業者についての執行のみを定めており、公的部門への執行のみを定めた「外国の法令」を執行する外国の当局については、外国執行当局には該当しないものと考えられる。

ウ　情報提供の要件

外国執行当局への情報提供は、外国執行当局の職務の遂行に資すると認める場合に行うことができる（個情法78条1項）。外国執行当局の職務は、個人情報保護法に規定される委員会の職務に相当するものに限られることから、委員会の所掌事務（個情法61条各号）

に相当する事務ということになろう。この場合、対象となる事務は「個人情報及び匿名加工情報の取扱いに関する監督……」（2号）が中心となるが、例えば「特定個人情報（……）の取扱いに関する監視又は監督……」（4号）など、他の事務のための情報提供が排除されているわけではない。つまり、個人情報保護法の執行に関してのみ情報提供できるという制限は存しない。

この場合の情報提供は、当該情報が外国執行当局の職務の遂行以外に使用されず、個人情報保護法78条3項の同意なしには外国の刑事事件の捜査等に使用されないように適切な措置がとられなければ行うことができない（同条2項）。

エ　外国執行当局との情報共有の枠組み

外国執行当局との情報共有の枠組みとしては、APEC（アジア太平洋経済協力）プライバシーフレームワークの下で運用されているCPEA（Cross-border Privacy Enforcement Arrangement、越境執行協力取決め）やOECDの越境プライバシー法執行協力勧告をベースとしたGPEN（Global Privacy Enforcement Network、グローバルプライバシー執行ネットワーク）などが存在する。

2016（平成28）年12月現在、CPEAについては、主務大臣である16省庁が加盟しているが、改正個人情報保護法の施行により監視・監督体制が主務大臣制から委員会に一元化されることに伴い、委員会が加盟することが想定される。GPENについては2016（平成28）年以降、委員会が加盟している。CPEAやGPENにおける情報共有の枠組みについても、個人情報保護法78条の導入でより効果的に行うことができよう。

また、二カ国の執行当局同士でMOU（覚書）を締結することも考えられる。例えば、米国連邦取引委員会とアイルランドプライバシーコミッショナーの間などで、情報共有を目的としたMOUが

締結されている。

(3) 国境を越えたデータ移転のための制度

ア 外国にある第三者への提供のための規定整備

　従来、改正前の個人情報保護法では外国への第三者提供や外国の事業者への委託について特段の規定を設けていなかった。しかしながら、(i)我が国の企業活動のグローバル化や情報通信技術の普及に伴い、個人情報の海外とのやり取りが増加をしていることを踏まえ、外国の第三者に対して個人情報を提供する場合のルール整備が必要と考えられたこと、(ii)欧州の十分性認定においては、越境データ移転についての制限がないことが、我が国の制度がEUからみて不十分と考えられる理由の一つと思われる（EUデータ保護指令及び一般データ保護規則上も、十分性を満たしている国・地域以外への再移転（Onward Transfer）が原則として禁じられている）こと等問題が指摘されていた。そこで、個人情報保護法24条は、新たに外国にある第三者への個人データの提供に適用される規定を設けた。具体的には、①提供先の第三者が本法に基づくものと同様の措置を講ずる体制を整備している場合、②提供先の事業者が所在する外国の個人情報保護法制が我が国と同等の水準にあると認められる場合には、外国にある第三者に対して、国内と同様に個人情報保護法23条のいずれかの提供方法（同意、オプトアウト、委託・合併等及び共同利用）によって個人データを提供することができる。①②に該当せず、個人情報保護法24条が適用される場合には、③外国の第三者への提供を認める旨の本人同意を得なければならない（ただし、法令に規定がある場合等、個情法23条1項各号に規定する場合であれば、同意を要しない）。この同意には、同項で求められる本人同意の趣旨が含まれるので、同条5項に規定される類型のいずれの提供方法によるかを論ずる余地はないことになる（「外国にある第三者へ

の提供」ではあるが国内であれば同項各号による提供類型に該当するような場合であることを強調したい場合には、「米国カリフォルニア州又はネバダ州のXYZ社に○○の個人データの取扱いを委託する」などという形式で同意を取得することになる）。なお、①②については、その詳細が委員会規則に委任されている。

　イ　外国

　外国とは、本邦の域外にある国又は地域をいうが、「個人の権利利益を保護する上で我が国と同等の水準にあると認められる個人情報の保護に関する制度を有している外国として個人情報保護委員会規則で定めるもの」は除かれている（個情法24条）。

　ここでの委員会規則の指定はいわば日本版十分性認定であり、その文言から、「同等性認定」とも呼べよう。委員会において、外国の個人情報保護制度の水準を判定して、委員会規則で定めるという作業を行うことになる（ホワイトリスト方式）が、施行規則では定められておらず、今後継続的に検討される。十分性認定におけるOnward Transfer規制を勘案すれば、十分性認定を受けていない外国を認定するかという点については、大局的な外交上の視点を含んだ運用が求められることとなる。

　ウ　外国にある第三者

　個人情報保護法24条にいう「外国にある第三者」とは、個人データの提供者及び本人以外の者であって、外国に所在する者が該当する。法人・自然人を問わないが、法人の場合は法人格の有無によって第三者に該当するか否かが判断される。例えば、外国で法人格を取得している日本企業の現地子会社や同系列のグループに属する外国の企業は外国にある第三者となる。別法人が介在せず、単に日本企業が自社サーバを外国に設置している場合には、その現地管理者や設備等はこれに当たらない。この場合の外国における自社

サーバにおける個人データの適正な取扱いは安全管理措置義務（個情法20条）の範囲で図られることとなる。

個人情報保護法24条の「外国にある第三者」には、「個人データの取扱いについて第4章第1節の規定により個人情報取扱事業者が講ずべきこととされている措置に相当する措置を継続的に講ずるために必要なものとして個人情報保護委員会規則で定める基準に適合する体制を整備している者」を含まない。

この「規則で定める基準に適合する体制」（基準適合体制）については、施行規則において「個人情報取扱事業者と個人データの提供を受ける者との間で、当該提供を受ける者における当該個人データの取扱いについて、適切かつ合理的な方法により、法第4章第1節の規程の趣旨に沿った措置の実施が確保されていること」（11条1号）又は「個人データの提供を受ける者が、個人情報の取扱いに係る国際的な枠組みに基づく認定を受けていること」（同条2号）が定められている。

施行規則11条1号適合性については、ガイドライン（外国第三者提供編）3-1によれば、［1］外国にある事業者に個人データの取扱いを委託するに当たっては、提供元及び提供先間の契約、確認書、覚書等、［2］同一の企業グループ内で個人データを移転するに当たっては、提供元及び提供先に共通して適用される内規、プライバシーポリシー等により、施行規則11条1号の措置が「継続的に講ずることを担保することができる方法である必要がある」とされる。ガイドライン（外国第三者提供編）3-1は「継続的に講ずることを担保することができる」とし、法的拘束力をもたせることを必須とはしていないが、欧州等からの再移転（Onward Transfer）にも配慮すれば、委託先とであれば法的拘束力のある契約として、グループ内であれば就業規則等で法的拘束力があるものとして整備す

図 19　国際関係

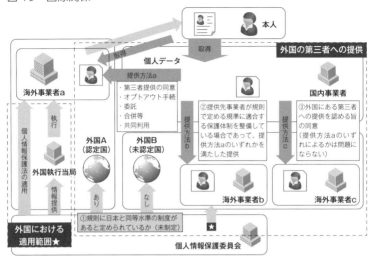

※ PD 検討会第 13 回提出資料に修正を施したもの。

ることが望ましいであろう。また、委員会は、[3] 提供元において APEC-CBPR の認証を取得した場合、当該認証基準に、委託先での個人情報の取扱いについての義務履行措置確保が含まれていることから、「適切かつ合理的な方法」の一つであると解されるとしている（ガイドライン（外国第三者提供編）3-1）。CBPR 認証には従業員情報の移転が含まれないことから、[2] の代替にはならないが、[1] について頻繁に交渉するコストを勘案すると、提供元において CBPR 認証を取得することも選択肢の一つとなろう。もっとも、CBPR 認証の取得は、個別の提供について適切な義務履行措置確保を省略して良いことを意味しない。提供元における CBPR 認証の取得が「適切かつ合理的な方法」に該当するのは、あくまで個別の提供について義務履行措置確保がなされていることが前提であるといえよう。また、CBPR 認証が有効であるのはあくまで CBPR 加盟国内に限られること及び施行規則 11 条 2 号と

6　個人情報取扱いのグローバル化への対応

の平仄から、有効な提供先は2016（平成28）年12月現在では米国、メキシコ、カナダに限定されると解されよう。

　なお、［1］ないし［2］の契約や内規等に盛り込まれるべき「法第4章第1節の規程」には、個人情報保護法15条ないし24条、27条ないし33条及び35条が含まれると解されており、具体的にはガイドライン（外国第三者提供編）3-2で詳細に解説されている。提供先において日本法の遵守が容易であるような場合（例えば、日本企業のグループ内子会社への移転）は、契約や内規等においてガイドライン（外国第三者提供編）を遵守して取り扱う旨を包括的に記載することでも足りると思われるが、相手方が日本に根拠をもたない全くの外国法人である場合には、個別の条項を適切に契約に入れ込まなければ「措置の実施が確保」とは評価できないと考えられ、事業者にとっては相当の負担であろう。

　施行規則11条2号適合性については、現時点ではガイドライン（外国第三者提供編）3-3においては提供先におけるCBPR認証の取得が挙げられているが、2017（平成29）年1月現在、日本以外でCBPR認証が取得できるのは米国（AAはTRUSTe）のみであり、その取得企業数が18にとどまっていることから、有効性は限定されるであろう。CBPR以外にも、欧州のBCR認証を受けている企業や欧米プライバシー・シールドに参加している米国企業等が「国際的な枠組みに基づく認定」を受けているとされれば同号の対象企業数は格段に増加するが、委員会はCBPR認証以外については現時点では認めていない。同等性認定が国又は地域単位で提供制限の例外を定めるのに対して、前述の通り、「外国にある第三者」であるか否かは法人単位で判断される。企業グループの中に、法人を異にして外国に所在する会社が含まれている場合には、当該外国に所在する会社に個人データを提供しようとすれば、当該会社は基

準適合体制を備える必要がある。

　エ　あらかじめ外国にある第三者への提供を認める旨の本人の同意
　この同意が必要なのは、同等性認定が得られていない外国（ア②）における、基準適合体制を整えていない事業者（ア①）に対する提供の場面である。言い換えれば、同等の水準の保護制度を有していると委員会規則で定められた国又は基準適合体制が整った事業者への提供の場合には、この同意は不要である。

　「外国にある第三者への提供を認める旨の本人の同意」を取得した場合、これは個人情報保護法23条1項の同意の趣旨を含んでいると解され、これ以上に、同条のどの条項による提供であるかを問題とする余地はない。

　また、この場合の同意は、我が国とは異なる個人情報保護制度を有する外国にある第三者への提供に関するものであり、同意の実質を図る趣旨からは、原則として国名レベルで足りると解されている。ただし、個人情報保護法24条の趣旨からは、州レベルで個人情報保護制度に著しい差異が存する場合には、国名レベルでは同意の実質が図られないこともあり得、その場合は国名とともに州名を挙げた上での同意が必要となると考えられる（欧州の十分性認定についても、カナダ・ケベック州が審査プロセスに入っていることが明らかになっている）。当然、「国名レベルで足りる」というのは常に国名レベルでの同意を取得しなければならないことを意味せず、前述のように「米国カリフォルニア州又はネバダ州のXYZ社に○○の個人データの取扱いを委託する」といったより限定の同意を取得することも、当然にあり得る。

　また、提供先事業者が著名であり、いずれの外国への提供であるかを明示しなくとも同意が得られる場合にはそのような同意のとり方も可能であろう。この場合も、提供先が（任意の）外国であるこ

とまでは示す必要がある。

> **コラム15　クラウドサーバの利用は委託に該当するか？**
>
> 　個人情報取扱事業者における個人情報の取扱いにおいて、クラウドサーバにこれを保存した場合、委託（個情法23条5項1号）に該当するのか、委託にすら該当せず、例えば、文書の保存に貸し倉庫を用いた場合のように、当該事業者自身が管理しているだけなのか、については、改正前においても論点ではあったが、正面から取り扱われることがなかった。
>
> 　それというのも、委託に該当すれば第三者提供の制限において「第三者」には該当しないので、本人の同意は不要であり、また、委託に該当する場合に委託先の監督義務（個情法22条）を果たさなくてはならないといっても、クラウド事業者との間の契約はほぼクラウド事業者が作成した利用規約又は約款以外の形態があり得ず、特に国外にサーバを置く国外クラウド事業者への監督というのは事実上不可能であったことから、事実上黙認されてきたからである（このような状況を踏まえ、学説上は、委託に該当するクラウドサーバの利用自体が委託先の監督義務違反であるとするものすらある）。
>
> 　しかしながら、個人情報保護法の改正に先立って、番号法では、再委託の事前承認制が採用されたため（番号法10条1項）、クラウドサーバの利用が委託に該当するかという問題が正面に出てきた。個人情報保護委員会『『特定個人情報の適正な取扱いに関するガイドライン（事業者編）』及び『（別冊）金融業務における特定個人情報の適正な取扱いに関するガイドライン』に関するQ&A』（平成26年12月11日）（平成28年6月21日更新）Q3-12において、「特定個人情報を取り扱う情報システムにクラウドサービス契約のように外部の事業者を活用している場合、番号法上の委託に該当しますか。」との問いが立てられ、委員会は、「当該事業者が当該契約内容を履行するに当たって個人番号をその内容に含む電子データを取り扱うのかどうかが基準となります。当該事業者が個人番号をその内容に含む電子データを取り扱わない場合には、そもそも、個人番号関係事務又は個人番号利用事務の全部又は一部の委託を受けたとみることはできませんので、番号法上の委託には該当しません。当該事業者が個人番号をその内容に含む電子データを取り扱わない場合とは、契約条項によって当該事業者が個人番号をその内容に含む電子データを取り扱わない旨が定められており、適切にアクセス制御を行っている場合等が考えられます。（平成27年4月更新・Q9-2に分割）」との回答を行っている。「当該事

業者が個人番号をその内容に含む電子データを取り扱わない場合とは、契約条項によって当該事業者が個人番号をその内容に含む電子データを取り扱わない旨が定められており、適切にアクセス制御を行っている場合等が考えられます」という部分がポイントとなるが、国外のクラウド事業者と契約する場合、契約条項（クラウド事業者の利用規約又は約款）において「個人番号をその内容に含む電子データを取り扱わない旨」が定められていることはまず考えられず、交渉によってこれを獲得することも叶い難い。そうすると、クラウドサーバを利用する多くの場合は、番号法上の委託に該当してしまうということになる。もちろん、「等が考えられます。」であるので、他の方法によって「個人番号をその内容に含む電子データを取り扱わない場合」となることを委員会は排除してはいないが、少なくとも、クラウドサーバの利用は原則として委託に該当するという立場に立っているといえる。

　委員会は個人情報保護法の委託概念について番号法上の個人番号の委託概念と同様の解釈を採用した。具体的には、施行令・施行規則のパブリックコメント結果の中で、「クラウドサービスの内容は契約により異なり得るため一律に規定することはできません。一般論として、契約条項により『外国にある第三者』が個人データを取り扱わない旨が定められており、適切にアクセス制御を行っている場合等においては、当該『外国にある第三者』は当該個人データの提供を受けて取り扱っているとはいえない場合も想定されます。」との見解を示した。この見解は委員会 Q&A でそのまま採用された。同 Q5-33 はクラウドサービスの利用が第三者提供や委託に該当するかという問いを立てており、A5-33 では「クラウドサービスの利用が、本人の同意が必要な第三者提供（法第 23 条第 1 項）又は委託（法第 23 条第 5 項第 1 号）に該当するかどうかは、保存している電子データに個人データが含まれているかどうかではなく、クラウドサービスを提供する事業者において個人データを取り扱うこととなっているのかどうかが判断の基準となります。……当該クラウドサービス提供事業者が、当該個人データを取り扱わないこととなっている場合とは、契約条項によって当該外部事業者がサーバに保存された個人データを取り扱わない旨が定められており、適切にアクセス制御を行っている場合等が考えられます。」としている。「個人データを取り扱わない旨」がクラウド事業者の利用規約又は約款に定められているか、これを交渉で獲得しない限り、個人情報取扱事業者のクラウドサーバの利用は、その形態（SaaS、PaaS、IaaS 等）にかかわらず、原則として委託に該当するということを前提とする必要がある。そして、個人情報保護法 24 条

（外国にある第三者への提供の制限）における提供は委託に伴う提供を排除しておらず、個人情報保護法25条の記録作成義務は、個人情報保護法24条における委託に伴う提供を排除していないので（個情法25条1項）、国外のサーバを用いるクラウド事業者と契約してクラウドサーバを個人情報の取扱いに利用する場合、個人情報取扱事業者は、①個人情報保護法24条の例外要件（同等性認定、基準適合体制、本人の外国提供同意）を満たしているかどうか、②個人情報保護法25条の記録義務を果たすための機能（ログ管理等）を備えているかどうか、について常に配慮する必要がある。クラウド事業者において、サーバの場所（国外であるかどうか）を明らかにしてもらえない場合には、同等性認定を受けている外国への提供であるかどうかすら判定ができないので、当該クラウド事業者が基準適合体制に該当する事業者でなければ、個人情報に係る本人全員の同意を得ることは困難であり、事実上は当該クラウド事業者のクラウドサーバの利用が不可能であるということもあり得る（委員会Q&AのQ9-5及びQ9-6参照）。

　なお、以上の注意点は、我が国の個人情報取扱事業者が委託を行う場合であるが、我が国の個人情報取扱事業者が外国の企業「から」委託を受けて国境を越えて個人データが移転してくる場合には、当該外国の規制に配慮する必要がある。特に当該外国がEUデータ保護指令又は一般データ保護規則の適用される外国である場合には、我が国は十分性認定を受けていないので、Data Processor（データ取扱者）を対象とするSCC（標準契約約款）を用いて契約を行うなどしなければ、移転が違法になり得る。

3 新たな法制度の下の個人情報
――改正法によって望まれる社会と取り組むべき課題

1 安心・安全なデータ流通のために
(1) 名簿業者、データブローカー

　パーソナルデータの利活用を目指して開始された議論の最中、いみじくも、空前の情報漏えい事件が発生し、一般的には注目されてこなかった名簿業者の存在がクローズアップされるに至った。本人が全く関知できないまま個人データが流通することに歯止めをかけるべく、オプトアウトによる第三者提供には適正な規制が設けられ（個情法23条2項）、トレーサビリティ義務により本人の追跡も可能とされた（個情法25条、26条）。不正な利益を図る目的でのデータベース提供罪（個情法83条）の新設により、名簿業者への転売にディスインセンティブが設けられた。主務大臣制、つまり振興行政のくびきを逃れる委員会は、立入検査権限をも有することとなり、悪質な名簿業者についてはこれが成り立たなくなることが期待される。

　他方で、本人の同意をベースとした、一種のデータブローカーの仕組みについては、研究や試行が進められ、政府の会議でも取り上げられている（IT総合戦略本部データ流通環境整備検討会等）。スマートフォンに設けられたダッシュボードにも似た試みは、本人のコントロールの下、適切なデータ流通への萌芽となり得る。

(2) 安全管理措置

　個人情報取扱事業者の5000件要件は撤廃され、あらゆる事業者において個人データの安全管理措置が求められることとなった。

　個人情報保護法は、改正によっても安全管理措置の規定については条文を変更していない。条文番号も変わっておらず、安全管理措

置義務（個情法20条）、従業者の監督義務（個情法21条）、委託先の監督義務（個情法22条）という構成もそのままである。

ガイドライン（通則編）は、個人情報保護法20条について、別添「講ずべき安全管理措置の内容」を示している。安全管理措置は程度問題の側面が強く、5000件要件撤廃後も、中小規模事業者については上記別添の中で別途「手法の例示」が示されている。具体的には、中小企業基本法（昭和38年法律第154号）における従業員であって、労働基準法（昭和22年法律第49号）20条の労働者（ただし、同法21条により20条の適用が除外されている者は除く）を「従業員」とした上で、従業員数が100人以下の個人情報取扱事業者（ただし、旧5000件要件を満たすもの又は委託を受けて個人データを取扱うものは除く）を「中小規模事業者」とした上で、基本方針の策定、組織的安全管理措置、人的安全管理措置、物理的安全管理措置、技術的安全管理措置の各項目について、通常の個人情報取扱事業者より緩和された「手法の例示」がなされている。「中小規模事業者」の定義は精緻であるが、そもそも安全管理措置は程度問題であるので、事業者においては、あくまで「手法の例示」であることを踏まえた上で、安全管理措置を構築することが求められる。

なお、ガイドライン（通則編）に加えて、「個人データの漏えい等の事案が発生した場合等の対応について」（平成29年個人情報保護委員会告示第1号）が定められた。個人データの漏えい等の際には委員会への報告等の手順につき参照されたい。

(3) 世界中から個人データが集積される環境のために

大規模なサイバー攻撃が報道を賑わす中、パーソナルデータの利活用、適切なデータ流通から豊かな社会を見出そうという試みは、政府や一部事業者の取組みだけでは成立し得ない。文字通り、個人情報保護の底上げが図られることによってこそ、個人データの本人

からの信頼も得られ、ひいては、世界中から個人データを集積し得る環境が整うことになる。

2　改正後の個人情報保護法制
(1)　個人情報保護法制の全体像

　我が国の個人情報保護法制は、個人情報保護法制全体の基本法部分と民間部門の規律を含む「個人情報の保護に関する法律」、公的部門を規律する「行政機関の保有する個人情報の保護に関する法律」及び「独立行政法人等の保有する個人情報の保護に関する法律」、さらに各地方自治体による条例によって成り立っている。

　これらの法令は、個人情報を取り扱う主体別にその取扱いを規制するものである。理想をいえば、いずれの者が個人情報を保有し、取り扱うとしても、保護される・されないという差異が生じないことが望ましい。しかしながら、個人情報保護法制には取扱い主体に負担を課する規制法としての側面があるが、取扱い主体や地域の特性に応じて、適正な取扱いについて求められる実効的な規律が異なることはあり得る。そこで、我が国では上述のように主体・地域ごとに規制が設けられている。我が国の個人情報保護法制はこれらを組み合わせることによって、適切な個人情報の取扱いと、それによる個人の権利利益侵害の防止を図っている。

(2)　公的部門への影響と今後の展望
ア　データ利活用と公的部門

　個情・番号法改正法附則12条1項は、個人情報保護法の施行日までに、行政機関の保有する個人情報及び独立行政法人等の保有する個人情報について、匿名加工情報に関する規制の在り方を含め、利活用促進や統一的な監督を行うための個人情報保護法制の整備について検討を進め、これに基づく措置を講ずることとしていた。こ

図20 個人情報保護法・ガイドラインの体系イメージ

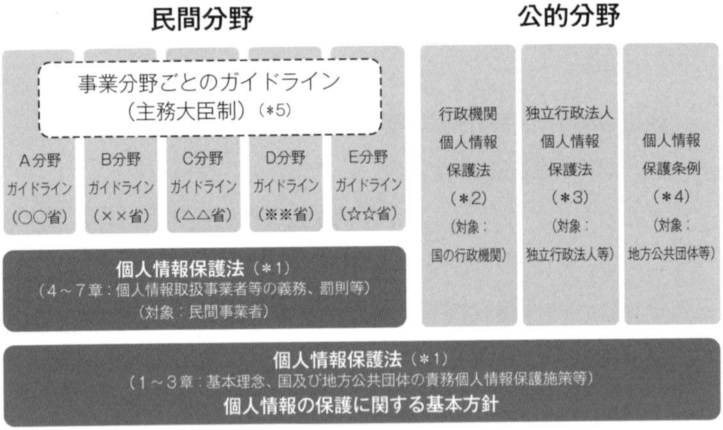

民間分野

事業分野ごとのガイドライン
（主務大臣制）（＊5）

| A分野ガイドライン（〇〇省） | B分野ガイドライン（××省） | C分野ガイドライン（△△省） | D分野ガイドライン（※※省） | E分野ガイドライン（☆☆省） |

個人情報保護法（＊1）
（4〜7章：個人情報取扱事業者等の義務、罰則等）
（対象：民間事業者）

公的分野

| 行政機関個人情報保護法（＊2）（対象：国の行政機関） | 独立行政法人個人情報保護法（＊3）（対象：独立行政法人等） | 個人情報保護条例（＊4）（対象：地方公共団体等） |

個人情報保護法（＊1）
（1〜3章：基本理念、国及び地方公共団体の責務個人情報保護施策等）
個人情報の保護に関する基本方針

(＊1) 個人情報の保護に関する法律
(＊2) 行政機関の保有する個人情報の保護に関する法律
(＊3) 独立行政法人等の保有する個人情報の保護に関する法律
(＊4) 個人情報保護条例の中には、公的分野における個人情報の取扱いに関する各種規定に加えて、事業者の一般的責務等に関する規定や、地方公共団体の施策への協力に関する規定等を設けているものもある。
(＊5) この他に、主務大臣から認定を受けた認定個人情報保護団体が各種指針等を定めている。

※個人情報保護委員会ホームページより。

れに対応して、総務省『行政機関等が保有するパーソナルデータに関する研究会』での検討が行われ、平成28年5月20日、「行政機関等の保有する個人情報の適正かつ効果的な活用による新たな産業の創出並びに活力ある経済社会及び豊かな国民生活の実現に資するための関係法律の整備に関する法律」（平成28年法律第51号、以下「行政機関等個人情報改正法」という）が成立した。

行政機関等個人情報改正法により、行政機関個人情報保護法及び独立行政法人等個人情報保護法に「個人識別符号」及び「要配慮個人情報」の概念が導入されるほか、匿名加工情報に該当する「非識別加工情報」に関する制度も加わることになる。

このうち、個人識別符号については個人情報保護法同様に個人情報の定義の明確化とされたが、要配慮個人情報については、もとよ

り、行政機関及び独立行政法人等についてはオプトアウトの制度がなく、取得についても所掌事務の範囲に限られていることから、個人情報保護法のように義務が加重されることはなく、個人情報ファイルへの保有等に関する事前通知事項という形で保護が厚くなることとされた（行政機関個人情報保護法10条1項5号の2）。

　非識別加工情報については、行政機関や独立行政法人等が主体的に作成し（行政機関非識別加工情報）提供することも可能であるが、民間事業者からの提案を募集する制度が導入されている。これは一種のオープンデータ政策である（行政機関個人情報保護法44条の2～16）。あわせて、委員会の所掌事務に、行政機関における行政機関非識別加工情報の取扱い及び独立行政法人等における独立行政法人等非識別加工情報の取扱いの監督が追加された（個情法61条2号）。行政機関及び独立行政法人等への監督権限の一元化はなおも達成されていないが、少なくとも匿名加工情報（非識別加工情報）の取扱いについては、民間事業者・行政機関及び独立行政法人等を通じて委員会の監督下に置かれることとなる。

　地方公共団体については、平成28年9月以降、『地方公共団体が保有するパーソナルデータに関する検討会』での検討が行われているが、個人情報保護条例が各地方公共団体によって異なり、立法権限・解釈権限・執行権限が全て個別の地方公共団体に任せられていることによる地方公共団体自身の負担、それに伴い適用除外規定の活用が進まないこと（いわゆる2000個問題）を抜本的に解決するような方向には進んでいない。他方で、平成28年12月7日には、議員立法である「官民データ活用推進基本法」（平成28年法律第103号）が成立し、「国は、官民データを活用する多様な主体の連携を確保するため、官民データ活用の推進に関する施策を講ずるに当たっては、国の施策と地方公共団体の施策との整合性の確保その

他の必要な措置を講ずるものとする。」(19条) との規定が設けられた。本条は、国会審議の中で、2000個問題の解決を促すものであるとされている (衆議院内閣委員会第7号濱村進委員 (起草案提案者) 答弁 (平成28年11月25日))。

地方公共団体、特に基礎自治体が保有する有益なデータの活用が進まないことは、不作為の違法すら構成すると考えられるが、適用除外規定を用いての外部提供のインセンティブが全く組み込まれていない個人情報保護条例の下で、全てを地方公共団体の責任に帰するのも酷である。ナショナルミニマム部分は国法で定めることで、問題に対峙してから一から個人情報保護条例の解釈を検討しなければならず、他方で、行政機関個人情報保護法等の改正に伴い定期的に条例の改正検討をしなければならないという地方公共団体の過度の負担を払拭するとともに、医療等を含む分野で、地方公共団体が保有するパーソナルデータについて適切に集積して活用することができる制度の構築が望まれる。

イ　まとめに代えて

個人情報保護法は、個情・番号法改正法附則12条3項で施行後3年ごとの見直し規定を設けている。データの利活用環境は、情報通信技術の発展、社会の利活用実態に伴い、刻々と変化を続けている。容易に国境も越える。異例の3年「ごと」見直し規定の導入は、国際的な規模で変容する潮流の中で、時機を逸することなく変化を受け止め、適切に対応していくことが、個人情報の保護と利活用にとっては重要であると考えられるためである。

個人情報保護法は、制定から10余年、消費者庁の設置に伴うもの以外改正されず、初めて実質的な改正が行われた。変容するデータ利活用環境に対応するためには、適切な見直しが行われなければ、いずれかの場面で支障が生じる。これまで改正しなかったこと

は、この 10 余年の反省すべきところでもある。

　個人の権利利益保護と円滑な情報連携を含む利活用がなされるためには、個人情報保護法、行政機関個人情報保護法といった個人情報保護法制の体系的な構築のみならず、分野や目的を限った特別法を制定することによる対応も必要である。個人情報保護法制定時の附帯決議にあった、特別法の制定は、十分なされてきたとはいえない。

　今回の個人情報保護法改正及び委任法令の制定のみによって、問題が将来にわたってなくなるものではない。情報通信技術の発展等、刻々と変化するパーソナルデータの取扱い環境、国際的な取組みの進展。常にこれらを的確に捉え、対応することとしたその自覚が、3年ごと見直し条項に現れている。また、政令や規則へ制度の仔細を委任したことで、データ取扱い環境の変化等に適切な対応がなされることが求められる。変化の速さに鑑みれば、政令や規則の改正作業も適宜行われることが必然であり、3年を待たずに何らかの改正作業が行われることになろう。これからも関係法令も含めた不断の見直しが行われ、社会の実情を反映した柔軟かつ適正な個人情報の取扱いが担保されなければならない。それによって「個人の人格尊重の理念の下に」（個情法3条）「個人の権利利益を保護する」（個情法1条）ことが達せられる個人情報保護法制が我が国に構築されていくことが期待される。

資料1　個人情報の保護に関する法律（平成15年法律第57号）　平成29年5月30日時点

目次
　第1章　総則（第1条—第3条）
　第2章　国及び地方公共団体の責務等（第4条—第6条）
　第3章　個人情報の保護に関する施策等
　　第1節　個人情報の保護に関する基本方針（第7条）
　　第2節　国の施策（第8条—第10条）
　　第3節　地方公共団体の施策（第11条—第13条）
　　第4節　国及び地方公共団体の協力（第14条）
　第4章　個人情報取扱事業者の義務等
　　第1節　個人情報取扱事業者の義務（第15条—第35条）
　　第2節　匿名加工情報取扱事業者等の義務（第36条—第39条）
　　第3節　監督（第40条—第46条）
　　第4節　民間団体による個人情報の保護の推進（第47条—第58条）
　第5章　個人情報保護委員会（第59条—第74条）
　第6章　雑則（第75条—第81条）
　第7章　罰則（第82条—第88条）
附則

第1章　総則

（目的）
第1条　この法律は、高度情報通信社会の進展に伴い個人情報の利用が著しく拡大していることに鑑み、個人情報の適正な取扱いに関し、基本理念及び政府による基本方針の作成その他の個人情報の保護に関する施策の基本となる事項を定め、国及び地方公共団体の責務等を明らかにするとともに、個人情報を取り扱う事業者の遵守すべき義務等を定めることにより、個人情報の適正かつ効果的な活用が新たな産業の創出並びに活力ある経済社会及び豊かな国民生活の実現に資するものであることその他の個人情報の有用性に配慮しつつ、個人の権利利益を保護することを目的とする。

（定義）
第2条　この法律において「個人情報」とは、生存する個人に関する情報であって、次の各号のいずれかに該当するものをいう。
　一　当該情報に含まれる氏名、生年月日その他の記述等（文書、図画若しくは電磁的記録（電磁的方式（電子的方式、磁気的方式その他人の知覚によっては認識することができない方式をいう。次項第2号において同じ。）で作られる記録をいう。第18条第2項において同じ。）に記載され、若しくは記録され、又は音声、動作その他の方法を用いて表された一切の事項（個人識別符号を除く。）をいう。以下同じ。）により特定の個人を識別することができるもの（他の情報と容易に照合することができ、それにより特定の個人を識別することができることとなるものを含む。）
　二　個人識別符号が含まれるもの
2　この法律において「個人識別符号」とは、次の各号のいずれかに該当する文字、番号、記号その他の符号のうち、政令で定めるものをいう。
　一　特定の個人の身体の一部の特徴を電子計算機の用に供するために変換した文字、番号、記号その他の符号であって、当該特定の個人を識別することができるもの
　二　個人に提供される役務の利用若しくは個人に販売される商品の購入に関し割り当てられ、又は個人

に発行されるカードその他の書類に記載され、若しくは電磁的方式により記録された文字、番号、記号その他の符号であって、その利用者若しくは購入者又は発行を受ける者ごとに異なるものとなるように割り当てられ、又は記載され、若しくは記録されることにより、特定の利用者若しくは購入者又は発行を受ける者を識別することができるもの

3　この法律において「要配慮個人情報」とは、本人の人種、信条、社会的身分、病歴、犯罪の経歴、犯罪により害を被った事実その他本人に対する不当な差別、偏見その他の不利益が生じないようにその取扱いに特に配慮を要するものとして政令で定める記述等が含まれる個人情報をいう。

4　この法律において「個人情報データベース等」とは、個人情報を含む情報の集合物であって、次に掲げるもの（利用方法からみて個人の権利利益を害するおそれが少ないものとして政令で定めるものを除く。）をいう。
　一　特定の個人情報を電子計算機を用いて検索することができるように体系的に構成したもの
　二　前号に掲げるもののほか、特定の個人情報を容易に検索することができるように体系的に構成したものとして政令で定めるもの

5　この法律において「個人情報取扱事業者」とは、個人情報データベース等を事業の用に供している者をいう。ただし、次に掲げる者を除く。
　一　国の機関
　二　地方公共団体
　三　独立行政法人等（独立行政法人等の保有する個人情報の保護に関する法律（平成15年法律第59号）第2条1項に規定する独立行政法人等をいう。以下同じ。）
　四　地方独立行政法人（地方独立行政法人法（平成15年法律第118号）第2条第1項に規定する地方独立行政法人をいう。以下同じ。）

6　この法律において「個人データ」とは、個人情報データベース等を構成する個人情報をいう。

7　この法律において「保有個人データ」とは、個人情報取扱事業者が、開示、内容の訂正、追加又は削除、利用の停止、消去及び第三者への提供の停止を行うことのできる権限を有する個人データであって、その存否が明らかになることにより公益その他の利益が害されるものとして政令で定めるもの又は1年以内の政令で定める期間以内に消去することとなるもの以外のものをいう。

8　この法律において個人情報について「本人」とは、個人情報によって識別される特定の個人をいう。

9　この法律において「匿名加工情報」とは、次の各号に掲げる個人情報の区分に応じて当該各号に定める措置を講じて特定の個人を識別することができないように個人情報を加工して得られる個人に関する情報であって、当該個人情報を復元することができないようにしたものをいう。
　一　第1項第1号に該当する個人情報　当該個人情報に含まれる記述等の一部を削除すること（当該一部の記述等を復元することのできる規則性を有しない方法により他の記述等に置き換えることを含む。）。
　二　第1項第2号に該当する個人情報　当該個人情報に含まれる個人識別符号の全部を削除すること（当該個人識別符号を復元することのできる規則性を有しない方法により他の記述等に置き換えることを含む。）。

10　この法律において「匿名加工情報取扱事業者」とは、匿名加工情報を含む情報の集合物であって、特定の匿名加工情報を電子計算機を用い

て検索することができるように体系的に構成したものその他特定の匿名加工情報を容易に検索することができるように体系的に構成したものとして政令で定めるもの（第36条第1項において「匿名加工情報データベース等」という。）を事業の用に供している者をいう。ただし、第5項各号に掲げる者を除く。

（基本理念）

第3条　個人情報は、個人の人格尊重の理念の下に慎重に取り扱われるべきものであることにかんがみ、その適正な取扱いが図られなければならない。

第2章　国及び地方公共団体の責務等

（国の責務）

第4条　国は、この法律の趣旨にのっとり、個人情報の適正な取扱いを確保するために必要な施策を総合的に策定し、及びこれを実施する責務を有する。

（地方公共団体の責務）

第5条　地方公共団体は、この法律の趣旨にのっとり、その地方公共団体の区域の特性に応じて、個人情報の適正な取扱いを確保するために必要な施策を策定し、及びこれを実施する責務を有する。

（法制上の措置等）

第6条　政府は、個人情報の性質及び利用方法に鑑み、個人の権利利益の一層の保護を図るため特にその適正な取扱いの厳格な実施を確保する必要がある個人情報について、保護のための格別の措置が講じられるよう必要な法制上の措置その他の措置を講ずるとともに、国際機関その他の国際的な枠組みへの協力を通じて、各国政府と共同して国際的に整合のとれた個人情報に係る制度を構築するために必要な措置を講ずるものとする。

第3章　個人情報の保護に関する施策等

第1節　個人情報の保護に関する基本方針

第7条　政府は、個人情報の保護に関する施策の総合的かつ一体的な推進を図るため、個人情報の保護に関する基本方針（以下「基本方針」という。）を定めなければならない。

2　基本方針は、次に掲げる事項について定めるものとする。
　一　個人情報の保護に関する施策の推進に関する基本的な方向
　二　国が講ずべき個人情報の保護のための措置に関する事項
　三　地方公共団体が講ずべき個人情報の保護のための措置に関する基本的な事項
　四　独立行政法人等が講ずべき個人情報の保護のための措置に関する基本的な事項
　五　地方独立行政法人が講ずべき個人情報の保護のための措置に関する基本的な事項
　六　個人情報取扱事業者及び匿名加工情報取扱事業者並びに第50条第1項に規定する認定個人情報保護団体が講ずべき個人情報の保護のための措置に関する基本的な事項
　七　個人情報の取扱いに関する苦情の円滑な処理に関する事項
　八　その他個人情報の保護に関する施策の推進に関する重要事項

3　内閣総理大臣は、個人情報保護委員会が作成した基本方針の案について閣議の決定を求めなければならない。

4　内閣総理大臣は、前項の規定による閣議の決定があったときは、遅滞なく、基本方針を公表しなければならない。

5　前二項の規定は、基本方針の変更について準用する。

第2節　国の施策

（地方公共団体等への支援）

第8条　国は、地方公共団体が策定

し、又は実施する個人情報の保護に関する施策及び国民又は事業者等が個人情報の適正な取扱いの確保に関して行う活動を支援するため、情報の提供、事業者等が講ずべき措置の適切かつ有効な実施を図るための指針の策定その他の必要な措置を講ずるものとする。

（苦情処理のための措置）
第9条　国は、個人情報の取扱いに関し事業者と本人との間に生じた苦情の適切かつ迅速な処理を図るために必要な措置を講ずるものとする。

（個人情報の適正な取扱いを確保するための措置）
第10条　国は、地方公共団体との適切な役割分担を通じ、次章に規定する個人情報取扱事業者による個人情報の適正な取扱いを確保するために必要な措置を講ずるものとする。

第3節　地方公共団体の施策

（地方公共団体等が保有する個人情報の保護）
第11条　地方公共団体は、その保有する個人情報の性質、当該個人情報を保有する目的等を勘案し、その保有する個人情報の適正な取扱いが確保されるよう必要な措置を講ずることに努めなければならない。
2　地方公共団体は、その設立に係る地方独立行政法人について、その性格及び業務内容に応じ、その保有する個人情報の適正な取扱いが確保されるよう必要な措置を講ずることに努めなければならない。

（区域内の事業者等への支援）
第12条　地方公共団体は、個人情報の適正な取扱いを確保するため、その区域内の事業者及び住民に対する支援に必要な措置を講ずるよう努めなければならない。

（苦情の処理のあっせん等）
第13条　地方公共団体は、個人情報の取扱いに関し事業者と本人との間に生じた苦情が適切かつ迅速に処理されるようにするため、苦情の処理のあっせんその他必要な措置を講ずるよう努めなければならない。

第4節　国及び地方公共団体の協力

第14条　国及び地方公共団体は、個人情報の保護に関する施策を講ずるにつき、相協力するものとする。

第4章　個人情報取扱事業者の義務等

第1節　個人情報取扱事業者の義務

（利用目的の特定）
第15条　個人情報取扱事業者は、個人情報を取り扱うに当たっては、その利用の目的（以下「利用目的」という。）をできる限り特定しなければならない。
2　個人情報取扱事業者は、利用目的を変更する場合には、変更前の利用目的と関連性を有すると合理的に認められる範囲を超えて行ってはならない。

（利用目的による制限）
第16条　個人情報取扱事業者は、あらかじめ本人の同意を得ないで、前条の規定により特定された利用目的の達成に必要な範囲を超えて、個人情報を取り扱ってはならない。
2　個人情報取扱事業者は、合併その他の事由により他の個人情報取扱事業者から事業を承継することに伴って個人情報を取得した場合は、あらかじめ本人の同意を得ないで、承継前における当該個人情報の利用目的の達成に必要な範囲を超えて、当該個人情報を取り扱ってはならない。
3　前二項の規定は、次に掲げる場合については、適用しない。
一　法令に基づく場合
二　人の生命、身体又は財産の保護のために必要がある場合であって、本人の同意を得ることが困難であるとき。
三　公衆衛生の向上又は児童の健全な育成の推進のために特に必要がある場合であって、本人の同意を得ることが困難であるとき。

四　国の機関若しくは地方公共団体又はその委託を受けた者が法令の定める事務を遂行することに対して協力する必要がある場合であって、本人の同意を得ることにより当該事務の遂行に支障を及ぼすおそれがあるとき。
（適正な取得）
第17条　個人情報取扱事業者は、偽りその他不正の手段により個人情報を取得してはならない。
2　個人情報取扱事業者は、次に掲げる場合を除くほか、あらかじめ本人の同意を得ないで、要配慮個人情報を取得してはならない。
　一　法令に基づく場合
　二　人の生命、身体又は財産の保護のために必要がある場合であって、本人の同意を得ることが困難であるとき。
　三　公衆衛生の向上又は児童の健全な育成の推進のために特に必要がある場合であって、本人の同意を得ることが困難であるとき。
　四　国の機関若しくは地方公共団体又はその委託を受けた者が法令の定める事務を遂行することに対して協力する必要がある場合であって、本人の同意を得ることにより当該事務の遂行に支障を及ぼすおそれがあるとき。
　五　当該要配慮個人情報が、本人、国の機関、地方公共団体、第76条第1項各号に掲げる者その他個人情報保護委員会規則で定める者により公開されている場合
　六　その他前各号に掲げる場合に準ずるものとして政令で定める場合
（取得に際しての利用目的の通知等）
第18条　個人情報取扱事業者は、個人情報を取得した場合は、あらかじめその利用目的を公表している場合を除き、速やかに、その利用目的を、本人に通知し、又は公表しなければならない。
2　個人情報取扱事業者は、前項の規定にかかわらず、本人との間で契約を締結することに伴って契約書その他の書面（電磁的記録を含む。以下この項において同じ。）に記載された当該本人の個人情報を取得する場合その他本人から直接書面に記載された当該本人の個人情報を取得する場合は、あらかじめ、本人に対し、その利用目的を明示しなければならない。ただし、人の生命、身体又は財産の保護のために緊急に必要がある場合は、この限りでない。
3　個人情報取扱事業者は、利用目的を変更した場合は、変更された利用目的について、本人に通知し、又は公表しなければならない。
4　前三項の規定は、次に掲げる場合については、適用しない。
　一　利用目的を本人に通知し、又は公表することにより本人又は第三者の生命、身体、財産その他の権利利益を害するおそれがある場合
　二　利用目的を本人に通知し、又は公表することにより当該個人情報取扱事業者の権利又は正当な利益を害するおそれがある場合
　三　国の機関又は地方公共団体が法令の定める事務を遂行することに対して協力する必要がある場合であって、利用目的を本人に通知し、又は公表することにより当該事務の遂行に支障を及ぼすおそれがあるとき。
　四　取得の状況からみて利用目的が明らかであると認められる場合
（データ内容の正確性の確保等）
第19条　個人情報取扱事業者は、利用目的の達成に必要な範囲内において、個人データを正確かつ最新の内容に保つとともに、利用する必要がなくなったときは、当該個人データを遅滞なく消去するよう努めなければならない。
（安全管理措置）
第20条　個人情報取扱事業者は、その取り扱う個人データの漏えい、滅失又はき損の防止その他の個人データの安全管理のために必要かつ適切

な措置を講じなければならない。
（従業者の監督）
第21条　個人情報取扱事業者は、その従業者に個人データを取り扱わせるに当たっては、当該個人データの安全管理が図られるよう、当該従業者に対する必要かつ適切な監督を行わなければならない。
（委託先の監督）
第22条　個人情報取扱事業者は、個人データの取扱いの全部又は一部を委託する場合は、その取扱いを委託された個人データの安全管理が図られるよう、委託を受けた者に対する必要かつ適切な監督を行わなければならない。
（第三者提供の制限）
第23条　個人情報取扱事業者は、次に掲げる場合を除くほか、あらかじめ本人の同意を得ないで、個人データを第三者に提供してはならない。
一　法令に基づく場合
二　人の生命、身体又は財産の保護のために必要がある場合であって、本人の同意を得ることが困難であるとき。
三　公衆衛生の向上又は児童の健全な育成の推進のために特に必要がある場合であって、本人の同意を得ることが困難であるとき。
四　国の機関若しくは地方公共団体又はその委託を受けた者が法令の定める事務を遂行することに対して協力する必要がある場合であって、本人の同意を得ることにより当該事務の遂行に支障を及ぼすおそれがあるとき。
2　個人情報取扱事業者は、第三者に提供される個人データ（要配慮個人情報を除く。以下この項において同じ。）について、本人の求めに応じて当該本人が識別される個人データの第三者への提供を停止することとしている場合であって、次に掲げる事項について、個人情報保護委員会規則で定めるところにより、あらかじめ、本人に通知し、又は本人が容易に知り得る状態に置くとともに、個人情報保護委員会に届け出たときは、前項の規定にかかわらず、当該個人データを第三者に提供することができる。
一　第三者への提供を利用目的とすること。
二　第三者に提供される個人データの項目
三　第三者への提供の方法
四　本人の求めに応じて当該本人が識別される個人データの第三者への提供を停止すること。
五　本人の求めを受け付ける方法
3　個人情報取扱事業者は、前項第2号、第3号又は第5号に掲げる事項を変更する場合は、変更する内容について、個人情報保護委員会規則で定めるところにより、あらかじめ、本人に通知し、又は本人が容易に知り得る状態に置くとともに、個人情報保護委員会に届け出なければならない。
4　個人情報保護委員会は、第2項の規定による届出があったときは、個人情報保護委員会規則で定めるところにより、当該届出に係る事項を公表しなければならない。前項の規定による届出があったときも、同様とする。
5　次に掲げる場合において、当該個人データの提供を受ける者は、前各項の規定の適用については、第三者に該当しないものとする。
一　個人情報取扱事業者が利用目的の達成に必要な範囲内において個人データの取扱いの全部又は一部を委託することに伴って当該個人データが提供される場合
二　合併その他の事由による事業の承継に伴って個人データが提供される場合
三　特定の者との間で共同して利用される個人データが当該特定の者に提供される場合であって、その旨並びに共同して利用される個人データの項目、共同して利用する

者の範囲、利用する者の利用目的及び当該個人データの管理について責任を有する者の氏名又は名称について、あらかじめ、本人に通知し、又は本人が容易に知り得る状態に置いているとき。
6 　個人情報取扱事業者は、前項第3号に規定する利用する者の利用目的又は個人データの管理について責任を有する者の氏名若しくは名称を変更する場合は、変更する内容について、あらかじめ、本人に通知し、又は本人が容易に知り得る状態に置かなければならない。
（外国にある第三者への提供の制限）
第24条　個人情報取扱事業者は、外国（本邦の域外にある国又は地域をいう。以下同じ。）（個人の権利利益を保護する上で我が国と同等の水準にあると認められる個人情報の保護に関する制度を有している外国として個人情報保護委員会規則で定めるものを除く。以下この条において同じ。）にある第三者（個人データの取扱いについてこの節の規定により個人情報取扱事業者が講ずべきこととされている措置に相当する措置を継続的に講ずるために必要なものとして個人情報保護委員会規則で定める基準に適合する体制を整備している者を除く。以下この条において同じ。）に個人データを提供する場合には、前条第1項各号に掲げる場合を除くほか、あらかじめ外国にある第三者への提供を認める旨の本人の同意を得なければならない。この場合においては、同条の規定は、適用しない。
（第三者提供に係る記録の作成等）
第25条　個人情報取扱事業者は、個人データを第三者（第2条第5項各号に掲げる者を除く。以下この条及び次条において同じ。）に提供したときは、個人情報保護委員会規則で定めるところにより、当該個人データを提供した年月日、当該第三者の氏名又は名称その他の個人情報保護委員会規則で定める事項に関する記録を作成しなければならない。ただし、当該個人データの提供が第23条第1項各号又は第5項各号のいずれか（前条の規定による個人データの提供にあっては、第23条第1項各号のいずれか）に該当する場合は、この限りでない。
2 　個人情報取扱事業者は、前項の記録を、当該記録を作成した日から個人情報保護委員会規則で定める期間保存しなければならない。
（第三者提供を受ける際の確認等）
第26条　個人情報取扱事業者は、第三者から個人データの提供を受けるに際しては、個人情報保護委員会規則で定めるところにより、次に掲げる事項の確認を行わなければならない。ただし、当該個人データの提供が第23条第1項各号又は第5項各号のいずれかに該当する場合は、この限りでない。
一　当該第三者の氏名又は名称及び住所並びに法人にあっては、その代表者（法人でない団体で代表者又は管理人の定めのあるものにあっては、その代表者又は管理人）の氏名
二　当該第三者による当該個人データの取得の経緯
2 　前項の第三者は、個人情報取扱事業者が同項の規定による確認を行う場合において、当該個人情報取扱事業者に対して、当該確認に係る事項を偽ってはならない。
3 　個人情報取扱事業者は、第1項の規定による確認を行ったときは、個人情報保護委員会規則で定めるところにより、当該個人データの提供を受けた年月日、当該確認に係る事項その他の個人情報保護委員会規則で定める事項に関する記録を作成しなければならない。
4 　個人情報取扱事業者は、前項の記録を、当該記録を作成した日から個人情報保護委員会規則で定める期間保存しなければならない。

（保有個人データに関する事項の公表等）

第27条　個人情報取扱事業者は、保有個人データに関し、次に掲げる事項について、本人の知り得る状態（本人の求めに応じて遅滞なく回答する場合を含む。）に置かなければならない。
一　当該個人情報取扱事業者の氏名又は名称
二　全ての保有個人データの利用目的（第18条第4項第1号から第3号までに該当する場合を除く。）
三　次項の規定による求め又は次条第1項、第29条第1項若しくは第30条第1項若しくは第3項の規定による請求に応じる手続（第33条第2項の規定により手数料の額を定めたときは、その手数料の額を含む。）
四　前三号に掲げるもののほか、保有個人データの適正な取扱いの確保に関し必要な事項として政令で定めるもの

2　個人情報取扱事業者は、本人から、当該本人が識別される保有個人データの利用目的の通知を求められたときは、本人に対し、遅滞なく、これを通知しなければならない。ただし、次の各号のいずれかに該当する場合は、この限りでない。
一　前項の規定により当該本人が識別される保有個人データの利用目的が明らかな場合
二　第18条第4項第1号から第3号までに該当する場合

3　個人情報取扱事業者は、前項の規定に基づき求められた保有個人データの利用目的を通知しない旨の決定をしたときは、本人に対し、遅滞なく、その旨を通知しなければならない。

（開示）

第28条　本人は、個人情報取扱事業者に対し、当該本人が識別される保有個人データの開示を請求することができる。

2　個人情報取扱事業者は、前項の規定による請求を受けたときは、本人に対し、政令で定める方法により、遅滞なく、当該保有個人データを開示しなければならない。ただし、開示することにより次の各号のいずれかに該当する場合は、その全部又は一部を開示しないことができる。
一　本人又は第三者の生命、身体、財産その他の権利利益を害するおそれがある場合
二　当該個人情報取扱事業者の業務の適正な実施に著しい支障を及ぼすおそれがある場合
三　他の法令に違反することとなる場合

3　個人情報取扱事業者は、第1項の規定による請求に係る保有個人データの全部又は一部について開示しない旨の決定をしたとき又は当該保有個人データが存在しないときは、本人に対し、遅滞なく、その旨を通知しなければならない。

4　他の法令の規定により、本人に対し第2項本文に規定する方法に相当する方法により当該本人が識別される保有個人データの全部又は一部を開示することとされている場合には、当該全部又は一部の保有個人データについては、第1項及び第2項の規定は、適用しない。

（訂正等）

第29条　本人は、個人情報取扱事業者に対し、当該本人が識別される保有個人データの内容が事実でないときは、当該保有個人データの内容の訂正、追加又は削除（以下この条において「訂正等」という。）を請求することができる。

2　個人情報取扱事業者は、前項の規定による請求を受けた場合には、その内容の訂正等に関して他の法令の規定により特別の手続が定められている場合を除き、利用目的の達成に必要な範囲内において、遅滞なく必要な調査を行い、その結果に基づき、当該保有個人データの内容の訂

正等を行わなければならない。
3　個人情報取扱事業者は、第１項の規定による請求に係る保有個人データの内容の全部若しくは一部について訂正等を行ったとき、又は訂正等を行わない旨の決定をしたときは、本人に対し、遅滞なく、その旨（訂正等を行ったときは、その内容を含む。）を通知しなければならない。
　　（利用停止等）
第30条　本人は、個人情報取扱事業者に対し、当該本人が識別される保有個人データが第16条の規定に違反して取り扱われているとき又は第17条の規定に違反して取得されたものであるときは、当該保有個人データの利用の停止又は消去（以下この条において「利用停止等」という。）を請求することができる。
2　個人情報取扱事業者は、前項の規定による請求を受けた場合であって、その請求に理由があることが判明したときは、違反を是正するために必要な限度で、遅滞なく、当該保有個人データの利用停止等を行わなければならない。ただし、当該保有個人データの利用停止等に多額の費用を要する場合その他の利用停止等を行うことが困難な場合であって、本人の権利利益を保護するため必要なこれに代わるべき措置をとるときは、この限りでない。
3　本人は、個人情報取扱事業者に対し、当該本人が識別される保有個人データが第23条第１項又は第24条の規定に違反して第三者に提供されているときは、当該保有個人データの第三者への提供の停止を請求することができる。
4　個人情報取扱事業者は、前項の規定による請求を受けた場合であって、その請求に理由があることが判明したときは、遅滞なく、当該保有個人データの第三者への提供を停止しなければならない。ただし、当該保有個人データの第三者への提供の停止に多額の費用を要する場合その他の第三者への提供を停止することが困難な場合であって、本人の権利利益を保護するため必要なこれに代わるべき措置をとるときは、この限りでない。
5　個人情報取扱事業者は、第１項の規定による請求に係る保有個人データの全部若しくは一部について利用停止等を行ったとき若しくは利用停止等を行わない旨の決定をしたとき、又は第３項の規定による請求に係る保有個人データの全部若しくは一部について第三者への提供を停止したとき若しくは第三者への提供を停止しない旨の決定をしたときは、本人に対し、遅滞なく、その旨を通知しなければならない。
　　（理由の説明）
第31条　個人情報取扱事業者は、第27条第３項、第28条第３項、第29条第３項又は前条第５項の規定により、本人から求められ、又は請求された措置の全部又は一部について、その措置をとらない旨を通知する場合又はその措置と異なる措置をとる旨を通知する場合は、本人に対し、その理由を説明するよう努めなければならない。
　　（開示等の請求等に応じる手続）
第32条　個人情報取扱事業者は、第27条第２項の規定による求め又は第28条第１項、第29条第１項若しくは第30条第１項若しくは第３項の規定による請求（以下この条及び第53条第１項において「開示等の請求等」という。）に関し、政令で定めるところにより、その求め又は請求を受け付ける方法を定めることができる。この場合において、本人は、当該方法に従って、開示等の請求等を行わなければならない。
2　個人情報取扱事業者は、本人に対し、開示等の請求等に関し、その対象となる保有個人データを特定するに足りる事項の提示を求めることができる。この場合において、個人情報取扱事業者は、本人が容易かつ的

確に開示等の請求等をすることができるよう、当該保有個人データの特定に資する情報の提供その他本人の利便を考慮した適切な措置をとらなければならない。
3 開示等の請求等は、政令で定めるところにより、代理人によってすることができる。
4 個人情報取扱事業者は、前三項の規定に基づき開示等の請求等に応じる手続を定めるに当たっては、本人に過重な負担を課するものとならないよう配慮しなければならない。
（手数料）
第33条 個人情報取扱事業者は、第27条第2項の規定による利用目的の通知を求められたとき又は第28条第1項の規定による開示の請求を受けたときは、当該措置の実施に関し、手数料を徴収することができる。
2 個人情報取扱事業者は、前項の規定により手数料を徴収する場合は、実費を勘案して合理的であると認められる範囲内において、その手数料の額を定めなければならない。
（事前の請求）
第34条 本人は、第28条第1項、第29条第1項又は第30条第1項若しくは第3項の規定による請求に係る訴えを提起しようとするときは、その訴えの被告となるべき者に対し、あらかじめ、当該請求を行い、かつ、その到達した日から2週間を経過した後でなければ、その訴えを提起することができない。ただし、当該訴えの被告となるべき者がその請求を拒んだときは、この限りでない。
2 前項の請求は、その請求が通常到達すべきであった時に、到達したものとみなす。
3 前二項の規定は、第28条第1項、第29条第1項又は第30条第1項若しくは第3項の規定による請求に係る仮処分命令の申立てについて準用する。

（個人情報取扱事業者による苦情の処理）
第35条 個人情報取扱事業者は、個人情報の取扱いに関する苦情の適切かつ迅速な処理に努めなければならない。
2 個人情報取扱事業者は、前項の目的を達成するために必要な体制の整備に努めなければならない。
　　　第2節　匿名加工情報取扱事業者等の義務
（匿名加工情報の作成等）
第36条 個人情報取扱事業者は、匿名加工情報（匿名加工情報データベース等を構成するものに限る。以下同じ。）を作成するときは、特定の個人を識別すること及びその作成に用いる個人情報を復元することができないようにするために必要なものとして個人情報保護委員会規則で定める基準に従い、当該個人情報を加工しなければならない。
2 個人情報取扱事業者は、匿名加工情報を作成したときは、その作成に用いた個人情報から削除した記述等及び個人識別符号並びに前項の規定により行った加工の方法に関する情報の漏えいを防止するために必要なものとして個人情報保護委員会規則で定める基準に従い、これらの情報の安全管理のための措置を講じなければならない。
3 個人情報取扱事業者は、匿名加工情報を作成したときは、個人情報保護委員会規則で定めるところにより、当該匿名加工情報に含まれる個人に関する情報の項目を公表しなければならない。
4 個人情報取扱事業者は、匿名加工情報を作成して当該匿名加工情報を第三者に提供するときは、個人情報保護委員会規則で定めるところにより、あらかじめ、第三者に提供される匿名加工情報に含まれる個人に関する情報の項目及びその提供の方法について公表するとともに、当該第三者に対して、当該提供に係る情報

が匿名加工情報である旨を明示しなければならない。
5 　個人情報取扱事業者は、匿名加工情報を作成して自ら当該匿名加工情報を取り扱うに当たっては、当該匿名加工情報の作成に用いられた個人情報に係る本人を識別するために、当該匿名加工情報を他の情報と照合してはならない。
6 　個人情報取扱事業者は、匿名加工情報を作成したときは、当該匿名加工情報の安全管理のために必要かつ適切な措置、当該匿名加工情報の作成その他の取扱いに関する苦情の処理その他の当該匿名加工情報の適正な取扱いを確保するために必要な措置を自ら講じ、かつ、当該措置の内容を公表するよう努めなければならない。
（匿名加工情報の提供）
第37条　匿名加工情報取扱事業者は、匿名加工情報（自ら個人情報を加工して作成したものを除く。以下この節において同じ。）を第三者に提供するときは、個人情報保護委員会規則で定めるところにより、あらかじめ、第三者に提供される匿名加工情報に含まれる個人に関する情報の項目及びその提供の方法について公表するとともに、当該第三者に対して、当該提供に係る情報が匿名加工情報である旨を明示しなければならない。
（識別行為の禁止）
第38条　匿名加工情報取扱事業者は、匿名加工情報を取り扱うに当たっては、当該匿名加工情報の作成に用いられた個人情報に係る本人を識別するために、当該個人情報から削除された記述等若しくは個人識別符号若しくは第36条第1項、行政機関の保有する個人情報の保護に関する法律（平成15年法律第58号）第44条の10第1項（同条第2項において準用する場合を含む。）若しくは独立行政法人等の保有する個人情報の保護に関する法律第44条の10第1項（同条第2項において準用する場合を含む。）の規定により行われた加工の方法に関する情報を取得し、又は当該匿名加工情報を他の情報と照合してはならない。
（安全管理措置等）
第39条　匿名加工情報取扱事業者は、匿名加工情報の安全管理のために必要かつ適切な措置、匿名加工情報の取扱いに関する苦情の処理その他の匿名加工情報の適正な取扱いを確保するために必要な措置を自ら講じ、かつ、当該措置の内容を公表するよう努めなければならない。

第3節　監督
（報告及び立入検査）
第40条　個人情報保護委員会は、前二節及びこの節の規定の施行に必要な限度において、個人情報取扱事業者又は匿名加工情報取扱事業者（以下「個人情報取扱事業者等」という。）に対し、個人情報又は匿名加工情報（以下「個人情報等」という。）の取扱いに関し、必要な報告若しくは資料の提出を求め、又はその職員に、当該個人情報取扱事業者等の事務所その他必要な場所に立ち入らせ、個人情報等の取扱いに関し質問させ、若しくは帳簿書類その他の物件を検査させることができる。
2 　前項の規定により立入検査をする職員は、その身分を示す証明書を携帯し、関係人の請求があったときは、これを提示しなければならない。
3 　第1項の規定による立入検査の権限は、犯罪捜査のために認められたものと解釈してはならない。
（指導及び助言）
第41条　個人情報保護委員会は、前二節の規定の施行に必要な限度において、個人情報取扱事業者等に対し、個人情報等の取扱いに関し必要な指導及び助言をすることができる。
（勧告及び命令）
第42条　個人情報保護委員会は、個

人情報取扱事業者が第16条から第18条まで、第20条から第22条まで、第23条（第4項を除く。）、第24条、第25条、第26条（第2項を除く。）、第27条、第28条（第1項を除く。）、第29条第2項若しくは第3項、第30条第2項、第4項若しくは第5項、第33条第2項若しくは第36条（第6項を除く。）の規定に違反した場合又は匿名加工情報取扱事業者が第37条若しくは第38条の規定に違反した場合において個人の権利利益を保護するため必要があると認めるときは、当該個人情報取扱事業者等に対し、当該違反行為の中止その他違反を是正するために必要な措置をとるべき旨を勧告することができる。
2　個人情報保護委員会は、前項の規定による勧告を受けた個人情報取扱事業者等が正当な理由がなくてその勧告に係る措置をとらなかった場合において個人の重大な権利利益の侵害が切迫していると認めるときは、当該個人情報取扱事業者等に対し、その勧告に係る措置をとるべきことを命ずることができる。
3　個人情報保護委員会は、前二項の規定にかかわらず、個人情報取扱事業者が第16条、第17条、第20条から第22条まで、第23条第1項、第24条若しくは第36条第1項、第2項若しくは第5項の規定に違反した場合又は匿名加工情報取扱事業者が第38条の規定に違反した場合において個人の重大な権利利益を害する事実があるため緊急に措置をとる必要があると認めるときは、当該個人情報取扱事業者等に対し、当該違反行為の中止その他違反を是正するために必要な措置をとるべきことを命ずることができる。
（個人情報保護委員会の権限の行使の制限）
第43条　個人情報保護委員会は、前三条の規定により個人情報取扱事業者等に対し報告若しくは資料の提出の要求、立入検査、指導、助言、勧告又は命令を行うに当たっては、表現の自由、学問の自由、信教の自由及び政治活動の自由を妨げてはならない。
2　前項の規定の趣旨に照らし、個人情報保護委員会は、個人情報取扱事業者等が第76条第1項各号に掲げる者（それぞれ当該各号に定める目的で個人情報等を取り扱う場合に限る。）に対して個人情報等を提供する行為については、その権限を行使しないものとする。
（権限の委任）
第44条　個人情報保護委員会は、緊急かつ重点的に個人情報等の適正な取扱いの確保を図る必要があることその他の政令で定める事情があるため、個人情報取扱事業者等に対し、第42条の規定による勧告又は命令を効果的に行う上で必要があると認めるときは、政令で定めるところにより、第40条第1項の規定による権限を事業所管大臣に委任することができる。
2　事業所管大臣は、前項の規定により委任された権限を行使したときは、政令で定めるところにより、その結果について個人情報保護委員会に報告するものとする。
3　事業所管大臣は、政令で定めるところにより、第1項の規定により委任された権限及び前項の規定による権限について、その全部又は一部を内閣府設置法（平成11年法律第89号）第43条の地方支分部局その他の政令で定める部局又は機関の長に委任することができる。
4　内閣総理大臣は、第1項の規定により委任された権限及び第2項の規定による権限（金融庁の所掌に係るものに限り、政令で定めるものを除く。）を金融庁長官に委任する。
5　金融庁長官は、政令で定めるところにより、前項の規定により委任された権限について、その一部を証券取引等監視委員会に委任すること

できる。
6 　金融庁長官は、政令で定めるところにより、第４項の規定により委任された権限（前項の規定により証券取引等監視委員会に委任されたものを除く。）の一部を財務局長又は財務支局長に委任することができる。
7 　証券取引等監視委員会は、政令で定めるところにより、第５項の規定により委任された権限の一部を財務局長又は財務支局長に委任することができる。
8 　前項の規定により財務局長又は財務支局長に委任された権限に係る事務に関しては、証券取引等監視委員会が財務局長又は財務支局長を指揮監督する。
9 　第５項の場合において、証券取引等監視委員会が行う報告又は資料の提出の要求（第７項の規定により財務局長又は財務支局長が行う場合を含む。）についての審査請求は、証券取引等監視委員会に対してのみ行うことができる。
（事業所管大臣の請求）
第45条　事業所管大臣は、個人情報取扱事業者等に前二節の規定に違反する行為があると認めるときその他個人情報取扱事業者等による個人情報等の適正な取扱いを確保するために必要があると認めるときは、個人情報保護委員会に対し、この法律の規定に従い適当な措置をとるべきことを求めることができる。
（事業所管大臣）
第46条　この節の規定における事業所管大臣は、次のとおりとする。
一　個人情報取扱事業者等が行う個人情報等の取扱いのうち雇用管理に関するものについては、厚生労働大臣（船員の雇用管理に関するものについては、国土交通大臣）及び当該個人情報取扱事業者等が行う事業を所管する大臣又は国家公安委員会（次号において「大臣等」という。）
二　個人情報取扱事業者等が行う個人情報等の取扱いのうち前号に掲げるもの以外のものについては、当該個人情報取扱事業者等が行う事業を所管する大臣等

第４節　民間団体による個人情報の保護の推進

（認定）
第47条　個人情報取扱事業者等の個人情報等の適正な取扱いの確保を目的として次に掲げる業務を行おうとする法人（法人でない団体で代表者又は管理人の定めのあるものを含む。次条第３号ロにおいて同じ。）は、個人情報保護委員会の認定を受けることができる。
一　業務の対象となる個人情報取扱事業者等（以下「対象事業者」という。）の個人情報等の取扱いに関する第52条の規定による苦情の処理
二　個人情報等の適正な取扱いの確保に寄与する事項についての対象事業者に対する情報の提供
三　前二号に掲げるもののほか、対象事業者の個人情報等の適正な取扱いの確保に関し必要な業務
2 　前項の認定を受けようとする者は、政令で定めるところにより、個人情報保護委員会に申請しなければならない。
3 　個人情報保護委員会は、第１項の認定をしたときは、その旨を公示しなければならない。
（欠格条項）
第48条　次の各号のいずれかに該当する者は、前条第１項の認定を受けることができない。
一　この法律の規定により刑に処せられ、その執行を終わり、又は執行を受けることがなくなった日から２年を経過しない者
二　第58条第１項の規定により認定を取り消され、その取消しの日から２年を経過しない者
三　その業務を行う役員（法人でない団体で代表者又は管理人の定め

のあるものの代表者又は管理人を含む。以下この条において同じ。）のうちに、次のいずれかに該当する者があるもの
　イ　禁錮以上の刑に処せられ、又はこの法律の規定により刑に処せられ、その執行を終わり、又は執行を受けることがなくなった日から２年を経過しない者
　ロ　第58条第１項の規定により認定を取り消された法人において、その取消しの日前30日以内にその役員であった者でその取消しの日から２年を経過しない者
（認定の基準）
第49条　個人情報保護委員会は、第47条第１項の認定の申請が次の各号のいずれにも適合していると認めるときでなければ、その認定をしてはならない。
　一　第47条第１項各号に掲げる業務を適正かつ確実に行うに必要な業務の実施の方法が定められているものであること。
　二　第47条第１項各号に掲げる業務を適正かつ確実に行うに足りる知識及び能力並びに経理的基礎を有するものであること。
　三　第47条第１項各号に掲げる業務以外の業務を行っている場合には、その業務を行うことによって同項各号に掲げる業務が不公正になるおそれがないものであること。
（廃止の届出）
第50条　第47条第１項の認定を受けた者（以下「認定個人情報保護団体」という。）は、その認定に係る業務（以下「認定業務」という。）を廃止しようとするときは、政令で定めるところにより、あらかじめ、その旨を個人情報保護委員会に届け出なければならない。
２　個人情報保護委員会は、前項の規定による届出があったときは、その旨を公示しなければならない。

（対象事業者）
第51条　認定個人情報保護団体は、当該認定個人情報保護団体の構成員である個人情報取扱事業者等又は認定業務の対象となることについて同意を得た個人情報取扱事業者等を対象事業者としなければならない。
２　認定個人情報保護団体は、対象事業者の氏名又は名称を公表しなければならない。
（苦情の処理）
第52条　認定個人情報保護団体は、本人その他の関係者から対象事業者の個人情報等の取扱いに関する苦情について解決の申出があったときは、その相談に応じ、申出人に必要な助言をし、その苦情に係る事情を調査するとともに、当該対象事業者に対し、その苦情の内容を通知してその迅速な解決を求めなければならない。
２　認定個人情報保護団体は、前項の申出に係る苦情の解決について必要があると認めるときは、当該対象事業者に対し、文書若しくは口頭による説明を求め、又は資料の提出を求めることができる。
３　対象事業者は、認定個人情報保護団体から前項の規定による求めがあったときは、正当な理由がないのに、これを拒んではならない。
（個人情報保護指針）
第53条　認定個人情報保護団体は、対象事業者の個人情報等の適正な取扱いの確保のために、個人情報に係る利用目的の特定、安全管理のための措置、開示等の請求等に応じる手続その他の事項又は匿名加工情報に係る作成の方法、その情報の安全管理のための措置その他の事項に関し、消費者の意見を代表する者その他の関係者の意見を聴いて、この法律の規定の趣旨に沿った指針（以下「個人情報保護指針」という。）を作成するよう努めなければならない。
２　認定個人情報保護団体は、前項の規定により個人情報保護指針を作成

したときは、個人情報保護委員会規則で定めるところにより、遅滞なく、当該個人情報保護指針を個人情報保護委員会に届け出なければならない。これを変更したときも、同様とする。
3　個人情報保護委員会は、前項の規定による個人情報保護指針の届出があったときは、個人情報保護委員会規則で定めるところにより、当該個人情報保護指針を公表しなければならない。
4　認定個人情報保護団体は、前項の規定により個人情報保護指針が公表されたときは、対象事業者に対し、当該個人情報保護指針を遵守させるため必要な指導、勧告その他の措置をとらなければならない。
（目的外利用の禁止）
第54条　認定個人情報保護団体は、認定業務の実施に際して知り得た情報を認定業務の用に供する目的以外に利用してはならない。
（名称の使用制限）
第55条　認定個人情報保護団体でない者は、認定個人情報保護団体という名称又はこれに紛らわしい名称を用いてはならない。
（報告の徴収）
第56条　個人情報保護委員会は、この節の規定の施行に必要な限度において、認定個人情報保護団体に対し、認定業務に関し報告をさせることができる。
（命令）
第57条　個人情報保護委員会は、この節の規定の施行に必要な限度において、認定個人情報保護団体に対し、認定業務の実施の方法の改善、個人情報保護指針の変更その他の必要な措置をとるべき旨を命ずることができる。
（認定の取消し）
第58条　個人情報保護委員会は、認定個人情報保護団体が次の各号のいずれかに該当するときは、その認定を取り消すことができる。

一　第48条第1号又は第3号に該当するに至ったとき。
二　第49条各号のいずれかに適合しなくなったとき。
三　第54条の規定に違反したとき。
四　前条の命令に従わないとき。
五　不正の手段により第47条第1項の認定を受けたとき。
2　個人情報保護委員会は、前項の規定により認定を取り消したときは、その旨を公示しなければならない。

第5章　個人情報保護委員会
（設置）
第59条　内閣府設置法第49条第3項の規定に基づいて、個人情報保護委員会（以下「委員会」という。）を置く。
2　委員会は、内閣総理大臣の所轄に属する。
（任務）
第60条　委員会は、個人情報の適正かつ効果的な活用が新たな産業の創出並びに活力ある経済社会及び豊かな国民生活の実現に資するものであることその他の個人情報の有用性に配慮しつつ、個人の権利利益を保護するため、個人情報の適正な取扱いの確保を図ること（個人番号利用事務等実施者（行政手続における特定の個人を識別するための番号の利用等に関する法律（平成25年法律第27号。以下「番号利用法」という。）第12条に規定する個人番号利用事務等実施者をいう。）に対する指導及び助言その他の措置を講ずることを含む。）を任務とする。
（所掌事務）
第61条　委員会は、前条の任務を達成するため、次に掲げる事務をつかさどる。
一　基本方針の策定及び推進に関すること。
二　個人情報取扱事業者における個人情報の取扱い並びに個人情報取扱事業者及び匿名加工情報取扱事

業者における匿名加工情報の取扱いに関する監督、行政機関の保有する個人情報の保護に関する法律第2条第1項に規定する行政機関における同条第9項に規定する行政機関非識別加工情報（同条第10項に規定する行政機関非識別加工情報ファイルを構成するものに限る。）の取扱いに関する監視、独立行政法人等における独立行政法人等の保有する個人情報の保護に関する法律第2条第9項に規定する独立行政法人等非識別加工情報（同条第10項に規定する独立行政法人等非識別加工情報ファイルを構成するものに限る。）の取扱いに関する監督並びに個人情報及び匿名加工情報の取扱いに関する苦情の申出についての必要なあっせん及びその処理を行う事業者への協力に関すること（第4号に掲げるものを除く。）。
三　認定個人情報保護団体に関すること。
四　特定個人情報（番号利用法第2条第8項に規定する特定個人情報をいう。第63条第4項において同じ。）の取扱いに関する監視又は監督並びに苦情の申出についての必要なあっせん及びその処理を行う事業者への協力に関すること。
五　特定個人情報保護評価（番号利用法第27条第1項に規定する特定個人情報保護評価をいう。）に関すること。
六　個人情報の保護及び適正かつ効果的な活用についての広報及び啓発に関すること。
七　前各号に掲げる事務を行うために必要な調査及び研究に関すること。
八　所掌事務に係る国際協力に関すること。
九　前各号に掲げるもののほか、法律（法律に基づく命令を含む。）に基づき委員会に属させられた事務

（職権行使の独立性）
第62条　委員会の委員長及び委員は、独立してその職権を行う。
（組織等）
第63条　委員会は、委員長及び委員8人をもって組織する。
2　委員のうち4人は、非常勤とする。
3　委員長及び委員は、人格が高潔で識見の高い者のうちから、両議院の同意を得て、内閣総理大臣が任命する。
4　委員長及び委員には、個人情報の保護及び適正かつ効果的な活用に関する学識経験のある者、消費者の保護に関して十分な知識と経験を有する者、情報処理技術に関する学識経験のある者、特定個人情報が利用される行政分野に関する学識経験のある者、民間企業の実務に関して十分な知識と経験を有する者並びに連合組織（地方自治法（昭和22年法律第67号）第263条の3第1項の連合組織で同項の規定による届出をしたものをいう。）の推薦する者が含まれるものとする。
（任期等）
第64条　委員長及び委員の任期は、5年とする。ただし、補欠の委員長又は委員の任期は、前任者の残任期間とする。
2　委員長及び委員は、再任されることができる。
3　委員長及び委員の任期が満了したときは、当該委員長及び委員は、後任者が任命されるまで引き続きその職務を行うものとする。
4　委員長又は委員の任期が満了し、又は欠員を生じた場合において、国会の閉会又は衆議院の解散のために両議院の同意を得ることができないときは、内閣総理大臣は、前条第3項の規定にかかわらず、同項に定める資格を有する者のうちから、委員長又は委員を任命することができる。

5 前項の場合においては、任命後最初の国会において両議院の事後の承認を得なければならない。この場合において、両議院の事後の承認が得られないときは、内閣総理大臣は、直ちに、その委員長又は委員を罷免しなければならない。
（身分保障）
第65条　委員長及び委員は、次の各号のいずれかに該当する場合を除いては、在任中、その意に反して罷免されることがない。
一　破産手続開始の決定を受けたとき。
二　この法律又は番号利用法の規定に違反して刑に処せられたとき。
三　禁錮以上の刑に処せられたとき。
四　委員会により、心身の故障のため職務を執行することができないと認められたとき、又は職務上の義務違反その他委員長若しくは委員たるに適しない非行があると認められたとき。
（罷免）
第66条　内閣総理大臣は、委員長又は委員が前条各号のいずれかに該当するときは、その委員長又は委員を罷免しなければならない。
（委員長）
第67条　委員長は、委員会の会務を総理し、委員会を代表する。
2　委員会は、あらかじめ常勤の委員のうちから、委員長に事故がある場合に委員長を代理する者を定めておかなければならない。
（会議）
第68条　委員会の会議は、委員長が招集する。
2　委員会は、委員長及び4人以上の委員の出席がなければ、会議を開き、議決をすることができない。
3　委員会の議事は、出席者の過半数でこれを決し、可否同数のときは、委員長の決するところによる。
4　第65条第4号の規定による認定をするには、前項の規定にかかわらず、本人を除く全員の一致がなければならない。
5　委員長に事故がある場合の第2項の規定の適用については、前条第2項に規定する委員長を代理する者は、委員長とみなす。
（専門委員）
第69条　委員会に、専門の事項を調査させるため、専門委員を置くことができる。
2　専門委員は、委員会の申出に基づいて内閣総理大臣が任命する。
3　専門委員は、当該専門の事項に関する調査が終了したときは、解任されるものとする。
4　専門委員は、非常勤とする。
（事務局）
第70条　委員会の事務を処理させるため、委員会に事務局を置く。
2　事務局に、事務局長その他の職員を置く。
3　事務局長は、委員長の命を受けて、局務を掌理する。
（政治運動等の禁止）
第71条　委員長及び委員は、在任中、政党その他の政治団体の役員となり、又は積極的に政治運動をしてはならない。
2　委員長及び常勤の委員は、在任中、内閣総理大臣の許可のある場合を除くほか、報酬を得て他の職務に従事し、又は営利事業を営み、その他金銭上の利益を目的とする業務を行ってはならない。
（秘密保持義務）
第72条　委員長、委員、専門委員及び事務局の職員は、職務上知ることのできた秘密を漏らし、又は盗用してはならない。その職務を退いた後も、同様とする。
（給与）
第73条　委員長及び委員の給与は、別に法律で定める。
（規則の制定）
第74条　委員会は、その所掌事務について、法律若しくは政令を実施するため、又は法律若しくは政令の特

別の委任に基づいて、個人情報保護委員会規則を制定することができる。

第6章 雑則

（適用範囲）

第75条 第15条、第16条、第18条（第2項を除く。）、第19条から第25条まで、第27条から第36条まで、第41条、第42条第1項、第43条及び次条の規定は、国内にある者に対する物品又は役務の提供に関連してその者を本人とする個人情報を取得した個人情報取扱事業者が、外国において当該個人情報又は当該個人情報を用いて作成した匿名加工情報を取り扱う場合についても、適用する。

（適用除外）

第76条 個人情報取扱事業者等のうち次の各号に掲げる者については、その個人情報等を取り扱う目的の全部又は一部がそれぞれ当該各号に規定する目的であるときは、第4章の規定は、適用しない。

一 放送機関、新聞社、通信社その他の報道機関（報道を業として行う個人を含む。） 報道の用に供する目的

二 著述を業として行う者 著述の用に供する目的

三 大学その他の学術研究を目的とする機関若しくは団体又はそれらに属する者 学術研究の用に供する目的

四 宗教団体 宗教活動（これに付随する活動を含む。）の用に供する目的

五 政治団体 政治活動（これに付随する活動を含む。）の用に供する目的

2 前項第1号に規定する「報道」とは、不特定かつ多数の者に対して客観的事実を事実として知らせること（これに基づいて意見又は見解を述べることを含む。）をいう。

3 第1項各号に掲げる個人情報取扱事業者等は、個人データ又は匿名加工情報の安全管理のために必要かつ適切な措置、個人情報等の取扱いに関する苦情の処理その他の個人情報等の適正な取扱いを確保するために必要な措置を自ら講じ、かつ、当該措置の内容を公表するよう努めなければならない。

（地方公共団体が処理する事務）

第77条 この法律に規定する委員会の権限及び第44条第1項又は第4項の規定により事業所管大臣又は金融庁長官に委任された権限に属する事務は、政令で定めるところにより、地方公共団体の長その他の執行機関が行うこととすることができる。

（外国執行当局への情報提供）

第78条 委員会は、この法律に相当する外国の法令を執行する外国の当局（以下この条において「外国執行当局」という。）に対し、その職務（この法律に規定する委員会の職務に相当するものに限る。次項において同じ。）の遂行に資すると認める情報の提供を行うことができる。

2 前項の規定による情報の提供については、当該情報が当該外国執行当局の職務の遂行以外に使用されず、かつ、次項の規定による同意がなければ外国の刑事事件の捜査（その対象たる犯罪事実が特定された後のものに限る。）又は審判（同項において「捜査等」という。）に使用されないよう適切な措置がとられなければならない。

3 委員会は、外国執行当局からの要請があったときは、次の各号のいずれかに該当する場合を除き、第1項の規定により提供した情報を当該要請に係る外国の刑事事件の捜査等に使用することについて同意をすることができる。

一 当該要請に係る刑事事件の捜査等の対象とされている犯罪が政治犯罪であるとき、又は当該要請が政治犯罪について捜査等を行う目

的で行われたものと認められるとき。
二　当該要請に係る刑事事件の捜査等の対象とされている犯罪に係る行為が日本国内において行われたとした場合において、その行為が日本国の法令によれば罪に当たるものでないとき。
三　日本国が行う同種の要請に応ずる旨の要請国の保証がないとき。
4　委員会は、前項の同意をする場合においては、あらかじめ、同項第1号及び第2号に該当しないことについて法務大臣の確認を、同項第3号に該当しないことについて外務大臣の確認を、それぞれ受けなければならない。

（国会に対する報告）
第79条　委員会は、毎年、内閣総理大臣を経由して国会に対し所掌事務の処理状況を報告するとともに、その概要を公表しなければならない。

（連絡及び協力）
第80条　内閣総理大臣及びこの法律の施行に関係する行政機関（法律の規定に基づき内閣に置かれる機関（内閣府を除く。）及び内閣の所轄の下に置かれる機関、内閣府、宮内庁、内閣府設置法第49条第1項及び第2項に規定する機関並びに国家行政組織法（昭和23年法律第120号）第3条第2項に規定する機関をいう。）の長は、相互に緊密に連絡し、及び協力しなければならない。

（政令への委任）
第81条　この法律に定めるもののほか、この法律の実施のため必要な事項は、政令で定める。

第7章　罰則

第82条　第72条の規定に違反して秘密を漏らし、又は盗用した者は、2年以下の懲役又は100万円以下の罰金に処する。
第83条　個人情報取扱事業者（その者が法人（法人でない団体で代表者又は管理人の定めのあるものを含む。第87条第1項において同じ。）である場合にあっては、その役員、代表者又は管理人）若しくはその従業者又はこれらであった者が、その業務に関して取り扱った個人情報データベース等（その全部又は一部を複製し、又は加工したものを含む。）を自己若しくは第三者の不正な利益を図る目的で提供し、又は盗用したときは、1年以下の懲役又は50万円以下の罰金に処する。
第84条　第42条第2項又は第3項の規定による命令に違反した者は、6月以下の懲役又は30万円以下の罰金に処する。
第85条　次の各号のいずれかに該当する者は、30万円以下の罰金に処する。
一　第40条第1項の規定による報告若しくは資料の提出をせず、若しくは虚偽の報告をし、若しくは虚偽の資料を提出し、又は当該職員の質問に対して答弁をせず、若しくは虚偽の答弁をし、若しくは検査を拒み、妨げ、若しくは忌避した者
二　第56条の規定による報告をせず、又は虚偽の報告をした者
第86条　第82条及び第83条の規定は、日本国外においてこれらの条の罪を犯した者にも適用する。
第87条　法人の代表者又は法人若しくは人の代理人、使用人その他の従業者が、その法人又は人の業務に関して、第83条から第85条までの違反行為をしたときは、行為者を罰するほか、その法人又は人に対しても、各本条の罰金刑を科する。
2　法人でない団体について前項の規定の適用がある場合には、その代表者又は管理人が、その訴訟行為につき法人でない団体を代表するほか、法人を被告人又は被疑者とする場合の刑事訴訟に関する法律の規定を準用する。
第88条　次の各号のいずれかに該当

する者は、10万円以下の過料に処する。
一　第26条第2項又は第55条の規定に違反した者
二　第50条第1項の規定による届出をせず、又は虚偽の届出をした者

資料 2　個人情報の保護に関する法律施行令（平成 15 年政令第 507 号）　平成 29 年 5 月 30 日時点

（個人識別符号）
第 1 条　個人情報の保護に関する法律（以下「法」という。）第 2 条第 2 項の政令で定める文字、番号、記号その他の符号は、次に掲げるものとする。
　一　次に掲げる身体の特徴のいずれかを電子計算機の用に供するために変換した文字、番号、記号その他の符号であって、特定の個人を識別するに足りるものとして個人情報保護委員会規則で定める基準に適合するもの
　　イ　細胞から採取されたデオキシリボ核酸（別名 DNA）を構成する塩基の配列
　　ロ　顔の骨格及び皮膚の色並びに目、鼻、口その他の顔の部位の位置及び形状によって定まる容貌
　　ハ　虹彩の表面の起伏により形成される線状の模様
　　ニ　発声の際の声帯の振動、声門の開閉並びに声道の形状及びその変化
　　ホ　歩行の際の姿勢及び両腕の動作、歩幅その他の歩行の態様
　　ヘ　手のひら又は手の甲若しくは指の皮下の静脈の分岐及び端点によって定まるその静脈の形状
　　ト　指紋又は掌紋
　二　旅券法（昭和 26 年法律第 267 号）第 6 条第 1 項第 1 号の旅券の番号
　三　国民年金法（昭和 34 年法律第 141 号）第 14 条に規定する基礎年金番号
　四　道路交通法（昭和 35 年法律第 105 号）第 93 条第 1 項第 1 号の免許証の番号
　五　住民基本台帳法（昭和 42 年法律第 81 号）第 7 条第 13 号に規定する住民票コード
　六　行政手続における特定の個人を識別するための番号の利用等に関する法律（平成 25 年法律第 27 号）第 2 条第 5 項に規定する個人番号
　七　次に掲げる証明書にその発行を受ける者ごとに異なるものとなるように記載された個人情報保護委員会規則で定める文字、番号、記号その他の符号
　　イ　国民健康保険法（昭和 33 年法律第 192 号）第 9 条第 2 項の被保険者証
　　ロ　高齢者の医療の確保に関する法律（昭和 57 年法律第 80 号）第 54 条第 3 項の被保険者証
　　ハ　介護保険法（平成 9 年法律第 123 号）第 12 条第 3 項の被保険者証
　八　その他前各号に準ずるものとして個人情報保護委員会規則で定める文字、番号、記号その他の符号
（要配慮個人情報）
第 2 条　法第 2 条第 3 項の政令で定める記述等は、次に掲げる事項のいずれかを内容とする記述等（本人の病歴又は犯罪の経歴に該当するものを除く。）とする。
　一　身体障害、知的障害、精神障害（発達障害を含む。）その他の個人情報保護委員会規則で定める心身の機能の障害があること。
　二　本人に対して医師その他医療に関連する職務に従事する者（次号において「医師等」という。）により行われた疾病の予防及び早期発見のための健康診断その他の検査（同号において「健康診断等」という。）の結果
　三　健康診断等の結果に基づき、又は疾病、負傷その他の心身の変化を理由として、本人に対して医師等により心身の状態の改善のための指導又は診療若しくは調剤が行われたこと。

四　本人を被疑者又は被告人として、逮捕、捜索、差押え、勾留、公訴の提起その他の刑事事件に関する手続が行われたこと。
　五　本人を少年法（昭和23年法律第168号）第3条第1項に規定する少年又はその疑いのある者として、調査、観護の措置、審判、保護処分その他の少年の保護事件に関する手続が行われたこと。
（個人情報データベース等）
第3条　法第2条第4項の利用方法からみて個人の権利利益を害するおそれが少ないものとして政令で定めるものは、次の各号のいずれにも該当するものとする。
　一　不特定かつ多数の者に販売することを目的として発行されたものであって、かつ、その発行が法又は法に基づく命令の規定に違反して行われたものでないこと。
　二　不特定かつ多数の者により随時に購入することができ、又はできたものであること。
　三　生存する個人に関する他の情報を加えることなくその本来の用途に供しているものであること。
2　法第2条第4項第2号の政令で定めるものは、これに含まれる個人情報を一定の規則に従って整理することにより特定の個人情報を容易に検索することができるように体系的に構成した情報の集合物であって、目次、索引その他検索を容易にするためのものを有するものをいう。
（保有個人データから除外されるもの）
第4条　法第2条第7項の政令で定めるものは、次に掲げるものとする。
　一　当該個人データの存否が明らかになることにより、本人又は第三者の生命、身体又は財産に危害が及ぶおそれがあるもの
　二　当該個人データの存否が明らかになることにより、違法又は不当な行為を助長し、又は誘発するおそれがあるもの
　三　当該個人データの存否が明らかになることにより、国の安全が害されるおそれ、他国若しくは国際機関との信頼関係が損なわれるおそれ又は他国若しくは国際機関との交渉上不利益を被るおそれがあるもの
　四　当該個人データの存否が明らかになることにより、犯罪の予防、鎮圧又は捜査その他の公共の安全と秩序の維持に支障が及ぶおそれがあるもの
（保有個人データから除外されるものの消去までの期間）
第5条　法第2条第7項の政令で定める期間は、6月とする。
（匿名加工情報データベース等）
第6条　法第2条第10項の政令で定めるものは、これに含まれる匿名加工情報を一定の規則に従って整理することにより特定の匿名加工情報を容易に検索することができるように体系的に構成した情報の集合物であって、目次、索引その他検索を容易にするためのものを有するものをいう。
（要配慮個人情報を本人の同意なく取得することができる場合）
第7条　法第17条第2項第6号の政令で定める場合は、次に掲げる場合とする。
　一　本人を目視し、又は撮影することにより、その外形上明らかな要配慮個人情報を取得する場合
　二　法第23条第5項各号に掲げる場合において、個人データである要配慮個人情報の提供を受けるとき。
（保有個人データの適正な取扱いの確保に関し必要な事項）
第8条　法第27条第1項第4号の政令で定めるものは、次に掲げるものとする。
　一　当該個人情報取扱事業者が行う保有個人データの取扱いに関する苦情の申出先

二 当該個人情報取扱事業者が認定個人情報保護団体の対象事業者である場合にあっては、当該認定個人情報保護団体の名称及び苦情の解決の申出先

（個人情報取扱事業者が保有個人データを開示する方法）
第9条 法第28条第2項の政令で定める方法は、書面の交付による方法（開示の請求を行った者が同意した方法があるときは、当該方法）とする。

（開示等の請求等を受け付ける方法）
第10条 法第32条第1項の規定により個人情報取扱事業者が開示等の請求等を受け付ける方法として定めることができる事項は、次に掲げるとおりとする。
一 開示等の請求等の申出先
二 開示等の請求等に際して提出すべき書面（電磁的記録を含む。第14条第1項及び第21条第3項において同じ。）の様式その他の開示等の請求等の方式
三 開示等の請求等をする者が本人又は次条に規定する代理人であることの確認の方法
四 法第33条第1項の手数料の徴収方法

（開示等の請求等をすることができる代理人）
第11条 法第32条第3項の規定により開示等の請求等をすることができる代理人は、次に掲げる代理人とする。
一 未成年者又は成年被後見人の法定代理人
二 開示等の請求等をすることにつき本人が委任した代理人

（法第44条第1項の政令で定める事情）
第12条 法第44条第1項の政令で定める事情は、次の各号のいずれかに該当する事情とする。
一 緊急かつ重点的に個人情報等の適正な取扱いを確保する必要があること。
二 前号のほか、効果的かつ効率的に個人情報等の適正な取扱いを確保するために事業所管大臣が有する専門的知見を特に活用する必要があること。

（事業所管大臣への権限の委任）
第13条 個人情報保護委員会は、法第44条第1項の規定により、法第40条第1項の規定による権限を委任する場合においては、委任しようとする事務の範囲及び委任の期間を定めて、事業所管大臣に委任するものとする。ただし、個人情報保護委員会が自らその権限を行使することを妨げない。
2 個人情報保護委員会は、前項の規定により委任しようとする事務の範囲及び委任の期間を定めようとするときは、あらかじめ、事業所管大臣に協議しなければならない。
3 個人情報保護委員会は、第1項の規定により権限を委任しようとするときは、委任を受ける事業所管大臣、委任しようとする事務の範囲及び委任の期間を公示しなければならない。

（権限行使の結果の報告）
第14条 法第44条第2項の規定による報告は、前条第1項の期間の範囲内で個人情報保護委員会が定める期間を経過するごとに（個人情報取扱事業者等に法第4章第1節又は第2節の規定に違反する行為があると認めたときは、直ちに）、その間の権限の行使の結果について次に掲げる事項を記載し、又は記録した書面により行うものとする。
一 報告若しくは資料の提出の要求又は立入検査を行った結果により判明した事実
二 その他参考となるべき事項
2 個人情報保護委員会は、前項の規定により報告の期間を定めようとするときは、あらかじめ、事業所管大臣に協議しなければならない。

（地方支分部局の長等への権限の委任）

第15条　事業所管大臣は、内閣府設置法（平成11年法律第89号）第49条第1項の庁の長（金融庁長官を除く。以下この条において同じ。）、国家行政組織法（昭和23年法律第120号）第3条第2項の庁の長又は警察庁長官に法第44条第1項の規定により委任された権限及び同条第2項の規定による権限を委任することができる。

2　事業所管大臣（前項の規定によりその権限が内閣府設置法第49条第1項の庁の長又は国家行政組織法第3条第2項の庁の長に委任された場合にあっては、その庁の長）は、内閣府設置法第17条若しくは第53条の官房、局若しくは部の長、同法第17条第1項若しくは第62条第1項若しくは第2項の職若しくは同法第43条若しくは第57条の地方支分部局の長又は国家行政組織法第7条の官房、局若しくは部の長、同法第9条の地方支分部局の長若しくは同法第20条第1項若しくは第2項の職に法第44条第1項の規定により委任された権限（当該場合にあっては、前項の規定により委任された権限（同条第2項の規定による権限を除く。））を委任することができる。

3　警察庁長官は、警察法（昭和29年法律第162号）第19条第1項の長官官房若しくは局、同条第2項の部又は同法第30条第1項の地方機関の長に第1項の規定により委任された権限（法第44条第2項の規定による権限を除く。）を委任することができる。

4　事業所管大臣、内閣府設置法第49条第1項の庁の長、国家行政組織法第3条第2項の庁の長又は警察庁長官は、前三項の規定により権限を委任しようとするときは、委任を受ける職員の官職、委任しようとする事務の範囲及び委任の期間を公示しなければならない。

（証券取引等監視委員会への権限の委任等）

第16条　金融庁長官は、法第44条第4項の規定により委任された権限（同条第2項の規定による権限を除き、金融商品取引法（昭和23年法律第25号）、投資信託及び投資法人に関する法律（昭和26年法律第198号）、資産の流動化に関する法律（平成10年法律第105号）及び社債、株式等の振替に関する法律（平成13年法律第75号）の規定により証券取引等監視委員会の権限に属させられた事項に係るものに限る。）を証券取引等監視委員会に委任する。ただし、金融庁長官が自らその権限を行使することを妨げない。

2　証券取引等監視委員会は、前項の規定により委任された権限を行使したときは、速やかに、その結果について金融庁長官に報告しなければならない。

（財務局長等への権限の委任）

第17条　金融庁長官は、法第44条第4項の規定により委任された権限（同条第2項の規定による権限及び同条第5項の規定により証券取引等監視委員会に委任された権限を除く。）を、個人情報取扱事業者等の主たる事務所又は事業所（次項及び次条第1項において「主たる事務所等」という。）の所在地を管轄する財務局長（当該所在地が福岡財務支局の管轄区域内にある場合にあっては、福岡財務支局長）に委任する。ただし、金融庁長官が自らその権限を行使することを妨げない。

2　前項の規定により委任された権限で、個人情報取扱事業者等の主たる事務所等以外の事務所、事業所その他その事業を行う場所（以下この項及び次条第2項において「従たる事務所等」という。）に関するものについては、前項に規定する財務局長又は福岡財務支局長のほか、当該従たる事務所等の所在地を管轄する財務局長（当該所在地が福岡財務支

局の管轄区域内にある場合にあっては、福岡財務支局長）も行うことができる。
第18条　証券取引等監視委員会は、法第44条第5項の規定により委任された権限を、個人情報取扱事業者等の主たる事務所等の所在地を管轄する財務局長（当該所在地が福岡財務支局の管轄区域内にある場合にあっては、福岡財務支局長）に委任する。ただし、証券取引等監視委員会が自らその権限を行使することを妨げない。
2　前項の規定により委任された権限で、個人情報取扱事業者等の従たる事務所等に関するものについては、同項に規定する財務局長又は福岡財務支局長のほか、当該従たる事務所等の所在地を管轄する財務局長（当該所在地が福岡財務支局の管轄区域内にある場合にあっては、福岡財務支局長）も行うことができる。
（認定個人情報保護団体の認定の申請）
第19条　法第47条第2項の規定による申請は、次に掲げる事項を記載した申請書を個人情報保護委員会に提出してしなければならない。
　一　名称及び住所並びに代表者又は管理人の氏名
　二　認定の申請に係る業務を行おうとする事務所の所在地
　三　認定の申請に係る業務の概要（対象事業者が取り扱う情報が個人情報又は匿名加工情報のいずれであるかの別を含む。）
2　前項の申請書には、次に掲げる書類を添付しなければならない。
　一　定款、寄附行為その他の基本約款
　二　認定を受けようとする者が法第48条各号の規定に該当しないことを誓約する書面
　三　認定の申請に係る業務の実施の方法を記載した書類
　四　認定の申請に係る業務を適正かつ確実に行うに足りる知識及び能力を有することを明らかにする書類
　五　最近の事業年度における事業報告書、貸借対照表、収支決算書、財産目録その他の経理的基礎を有することを明らかにする書類（申請の日の属する事業年度に設立された法人にあっては、その設立時における財産目録）
　六　役員の氏名、住所及び略歴を記載した書類
　七　対象事業者の氏名又は名称を記載した書類及び当該対象事業者が認定を受けようとする者の構成員であること又は認定の申請に係る業務の対象となることについて同意した者であることを証する書類
　八　認定の申請に係る業務以外の業務を行っている場合は、その業務の種類及び概要を記載した書類
　九　その他参考となる事項を記載した書類
3　認定個人情報保護団体は、第1項各号に掲げる事項又は前項第2号から第4号まで、第6号若しくは第8号に掲げる書類に記載した事項に変更があったときは、遅滞なく、その旨（同項第3号に掲げる書類に記載した事項に変更があったときは、その理由を含む。）を記載した届出書を個人情報保護委員会に提出しなければならない。
（認定業務の廃止の届出）
第20条　認定個人情報保護団体は、認定業務を廃止しようとするときは、廃止しようとする日の3月前までに、次に掲げる事項を記載した届出書を個人情報保護委員会に提出しなければならない。
　一　名称及び住所並びに代表者又は管理人の氏名
　二　法第52条第1項の申出の受付を終了しようとする日
　三　認定業務を廃止しようとする日
　四　認定業務を廃止する理由
（地方公共団体の長等が処理する事務）

第21条　法第40条第1項に規定する個人情報保護委員会の権限に属する事務（以下この条において「検査等事務」という。）は、当該権限が法第44条第1項の規定により事業所管大臣に委任され、又は同条第4項の規定により金融庁長官に委任された場合において、個人情報取扱事業者等が行う事業であって当該事業所管大臣又は金融庁長官が所管するものについての報告の徴収又は検査に係る権限に属する事務の全部又は一部が他の法令の規定により地方公共団体の長その他の執行機関（以下この条において「地方公共団体の長等」という。）が行うこととされているときは、当該地方公共団体の長等が行う。この場合において、当該事務を行うこととなる地方公共団体の長等が2以上あるときは、検査等事務は、各地方公共団体の長等がそれぞれ単独に行うことを妨げない。

2　前項の規定は、事業所管大臣又は金融庁長官が自ら検査等事務を行うことを妨げない。

3　第1項の規定により検査等事務を行った地方公共団体の長等は、第14条第1項の規定により個人情報保護委員会が定める期間を経過するごとに（個人情報取扱事業者等に法第4章第1節又は第2節の規定に違反する行為があると認めたときは、直ちに）、その間に行った検査等事務の結果について同項各号に掲げる事項を記載し、又は記録した書面により事業所管大臣又は金融庁長官を経由して個人情報保護委員会に報告しなければならない。

4　第1項の規定により地方公共団体の長等が検査等事務を行う場合においては、当該検査等事務に係る個人情報保護委員会に関する法第40条の規定は、地方公共団体の長等に関する規定として地方公共団体の長等に適用があるものとする。

資料3　個人情報の保護に関する法律施行規則（平成28年個人情報保護委員会規則第3号）

個人情報の保護に関する法律（平成15年法律第57号）及び個人情報の保護に関する法律施行令（平成15年政令第507号）の規定に基づき、並びに同法を実施するため、個人情報の保護に関する法律施行規則を次のように定める。

（定義）
第1条　この規則において使用する用語は、個人情報の保護に関する法律（以下「法」という。）において使用する用語の例による。

（身体の特徴を電子計算機の用に供するために変換した文字、番号、記号その他の符号に関する基準）
第2条　個人情報の保護に関する法律施行令（以下「令」という。）第1条第1号の個人情報保護委員会規則で定める基準は、特定の個人を識別することができる水準が確保されるよう、適切な範囲を適切な手法により電子計算機の用に供するために変換することとする。

（証明書にその発行を受ける者ごとに異なるものとなるように記載された文字、番号、記号その他の符号）
第3条　令第1条第7号の個人情報保護委員会規則で定める文字、番号、記号その他の符号は、次の各号に掲げる証明書ごとに、それぞれ当該各号に定めるものとする。
一　令第1条第7号イに掲げる証明書　同号イに掲げる証明書の記号、番号及び保険者番号
二　令第1条第7号ロ及びハに掲げる証明書　同号ロ及びハに掲げる証明書の番号及び保険者番号

（旅券の番号等に準ずる文字、番号、記号その他の符号）
第4条　令第1条第8号の個人情報保護委員会規則で定める文字、番号、記号その他の符号は、次に掲げるものとする。

一　健康保険法施行規則（大正15年内務省令第36号）第47条第2項の被保険者証の記号、番号及び保険者番号
二　健康保険法施行規則第52条第1項の高齢受給者証の記号、番号及び保険者番号
三　船員保険法施行規則（昭和15年厚生省令第5号）第35条第1項の被保険者証の記号、番号及び保険者番号
四　船員保険法施行規則第41条第1項の高齢受給者証の記号、番号及び保険者番号
五　出入国管理及び難民認定法（昭和26年政令第319号）第2条第5号に規定する旅券（日本国政府の発行したものを除く。）の番号
六　出入国管理及び難民認定法第19条の4第1項第5号の在留カードの番号
七　私立学校教職員共済法施行規則（昭和28年文部省令第28号）第1条の7の加入者証の加入者番号
八　私立学校教職員共済法施行規則第3条第1項の加入者被扶養者証の加入者番号
九　私立学校教職員共済法施行規則第3条の2第1項の高齢受給者証の加入者番号
十　国民健康保険法施行規則（昭和33年厚生省令第53号）第7条の4第1項に規定する高齢受給者証の記号、番号及び保険者番号
十一　国家公務員共済組合法施行規則（昭和33年大蔵省令第54号）第89条の組合員証の記号、番号及び保険者番号
十二　国家公務員共済組合法施行規則第95条第1項の組合員被扶養者証の記号、番号及び保険者番号
十三　国家公務員共済組合法施行規則第95条の2第1項の高齢受給

者証の記号、番号及び保険者番号
十四　国家公務員共済組合法施行規則第127条の2第1項の船員組合員証及び船員組合員被扶養者証の記号、番号及び保険者番号
十五　地方公務員等共済組合法規程（昭和37年総理府・文部省・自治省令第1号）第93条第2項の組合員証の記号、番号及び保険者番号
十六　地方公務員等共済組合法規程第100条第1項の組合員被扶養者証の記号、番号及び保険者番号
十七　地方公務員等共済組合法規程第100条の2第1項の高齢受給者証の記号、番号及び保険者番号
十八　地方公務員等共済組合法規程第176条第2項の船員組合員証及び船員組合員被扶養者証の記号、番号及び保険者番号
十九　雇用保険法施行規則（昭和50年労働省令第3号）第10条第1項の雇用保険被保険者証の被保険者番号
二十　日本国との平和条約に基づき日本の国籍を離脱した者等の出入国管理に関する特例法（平成3年法律第71号）第8条第1項第3号の特別永住者証明書の番号
（要配慮個人情報）
第5条　令第2条第1号の個人情報保護委員会規則で定める心身の機能の障害は、次に掲げる障害とする。
　一　身体障害者福祉法（昭和24年法律第283号）別表に掲げる身体上の障害
　二　知的障害者福祉法（昭和35年法律第37号）にいう知的障害
　三　精神保健及び精神障害者福祉に関する法律（昭和25年法律第123号）にいう精神障害（発達障害者支援法（平成16年法律第167号）第2条第2項に規定する発達障害を含み、前号に掲げるものを除く。）
　四　治療方法が確立していない疾病その他の特殊の疾病であって障害者の日常生活及び社会生活を総合的に支援するための法律（平成17年法律第123号）第4条第1項の政令で定めるものによる障害の程度が同項の厚生労働大臣が定める程度であるもの
（法第17条第2項第5号の個人情報保護委員会規則で定める者）
第6条　法第17条第2項第5号の個人情報保護委員会規則で定める者は、次の各号のいずれかに該当する者とする。
　一　外国政府、外国の政府機関、外国の地方公共団体又は国際機関
　二　外国において法第76条第1項各号に掲げる者に相当する者
（第三者提供に係る事前の通知等）
第7条　法第23条第2項又は第3項の規定による通知又は容易に知り得る状態に置く措置は、次に掲げるところにより、行うものとする。
　一　第三者に提供される個人データによって識別される本人（次号において「本人」という。）が当該提供の停止を求めるのに必要な期間をおくこと。
　二　本人が法第23条第2項各号に掲げる事項を確実に認識できる適切かつ合理的な方法によること。
2　法第23条第2項又は第3項の規定による届出は、次に掲げる方法のいずれかにより行わなければならない。
　一　個人情報保護委員会が定めるところにより、電子情報処理組織（個人情報保護委員会の使用に係る電子計算機と届出を行う者の使用に係る電子計算機とを電気通信回線で接続した電子情報処理組織をいう。）を使用する方法
　二　別記様式第1による届出書及び当該届出書に記載すべき事項を記録した光ディスク（これに準ずる方法により一定の事項を確実に記録しておくことができる物を含む。以下「光ディスク等」という。）を提出する方法

3 個人情報取扱事業者が、代理人によって法第23条第2項又は第3項の規定による届出を行う場合には、別記様式第2によるその権限を証する書面（電磁的記録を含む。以下同じ。）を個人情報保護委員会に提出しなければならない。

（外国にある個人情報取扱事業者の代理人）

第8条　外国にある個人情報取扱事業者は、法第23条第2項又は第3項の規定による届出を行う場合には、国内に住所を有する者であって、当該届出に関する一切の行為につき、当該個人情報取扱事業者を代理する権限を有するものを定めなければならない。この場合において、当該個人情報取扱事業者は、当該届出と同時に、当該個人情報取扱事業者が国内に住所を有する者に、当該届出に関する一切の行為につき、当該個人情報取扱事業者を代理する権限を付与したことを証する書面（日本語による翻訳文を含む。）を個人情報保護委員会に提出しなければならない。

（第三者提供に係る個人情報保護委員会による公表）

第9条　法第23条第4項の規定による公表は、同条第2項又は第3項の規定による届出があった後、遅滞なく、インターネットの利用その他の適切な方法により行うものとする。

（第三者提供に係る個人情報取扱事業者による公表）

第10条　個人情報取扱事業者は、法第23条第4項の規定による公表がされた後、速やかに、インターネットの利用その他の適切な方法により、同条第2項に掲げる事項（同項第2号、第3号又は第5号に掲げる事項に変更があったときは、変更後の当該各号に掲げる事項）を公表するものとする。

（個人情報取扱事業者が講ずべきこととされている措置に相当する措置を継続的に講ずるために必要な体制の基準）

第11条　法第24条の個人情報保護委員会規則で定める基準は、次の各号のいずれかに該当することとする。

一　個人情報取扱事業者と個人データの提供を受ける者との間で、当該提供を受ける者における当該個人データの取扱いについて、適切かつ合理的な方法により、法第4章第1節の規定の趣旨に沿った措置の実施が確保されていること。

二　個人データの提供を受ける者が、個人情報の取扱いに係る国際的な枠組みに基づく認定を受けていること。

（第三者提供に係る記録の作成）

第12条　法第25条第1項の規定による同項の記録を作成する方法は、文書、電磁的記録又はマイクロフィルムを用いて作成する方法とする。

2　法第25条第1項の記録は、個人データを第三者（同項に規定する第三者をいう。以下この条、次条及び第15条から第17条までにおいて同じ。）に提供した都度、速やかに作成しなければならない。ただし、当該第三者に対し個人データを継続的に若しくは反復して提供（法第23条第2項の規定による提供を除く。以下この項において同じ。）したとき、又は当該第三者に対し個人データを継続的に若しくは反復して提供することが確実であると見込まれるときの記録は、一括して作成することができる。

3　前項の規定にかかわらず、法第23条第1項又は法第24条の規定により、本人に対する物品又は役務の提供に関連して当該本人に係る個人データを第三者に提供した場合において、当該提供に関して作成された契約書その他の書面に次条第1項各号に定める事項が記載されているときは、当該書面をもって法第

25条第1項の当該事項に関する記録に代えることができる。
（第三者提供に係る記録事項）
第13条　法第25条第1項の個人情報保護委員会規則で定める事項は、次の各号に掲げる場合の区分に応じ、それぞれ当該各号に定める事項とする。
　一　法第23条第2項の規定により個人データを第三者に提供した場合　次のイからニまでに掲げる事項
　　イ　当該個人データを提供した年月日
　　ロ　当該第三者の氏名又は名称その他の当該第三者を特定するに足りる事項（不特定かつ多数の者に対して提供したときは、その旨）
　　ハ　当該個人データによって識別される本人の氏名その他の当該本人を特定するに足りる事項
　　ニ　当該個人データの項目
　二　法第23条第1項又は法第24条の規定により個人データを第三者に提供した場合　次のイ及びロに掲げる事項
　　イ　法第23条第1項又は法第24条の本人の同意を得ている旨
　　ロ　前号ロからニまでに掲げる事項
2　前項各号に定める事項のうち、既に前条に規定する方法により作成した法第25条第1項の記録（当該記録を保存している場合におけるものに限る。）に記録されている事項と内容が同一であるものについては、法第25条第1項の当該事項の記録を省略することができる。
（第三者提供に係る記録の保存期間）
第14条　法第25条第2項の個人情報保護委員会規則で定める期間は、次の各号に掲げる場合の区分に応じて、それぞれ当該各号に定める期間とする。
　一　第12条第3項に規定する方法により記録を作成した場合　最後に当該記録に係る個人データの提供を行った日から起算して1年を経過する日までの間
　二　第12条第2項ただし書に規定する方法により記録を作成した場合　最後に当該記録に係る個人データの提供を行った日から起算して3年を経過する日までの間
　三　前二号以外の場合　3年
（第三者提供を受ける際の確認）
第15条　法第26条第1項の規定による同項第1号に掲げる事項の確認を行う方法は、個人データを提供する第三者から申告を受ける方法その他の適切な方法とする。
2　法第26条第1項の規定による同項第2号に掲げる事項の確認を行う方法は、個人データを提供する第三者から当該第三者による当該個人データの取得の経緯を示す契約書その他の書面の提示を受ける方法その他の適切な方法とする。
3　前二項の規定にかかわらず、第三者から他の個人データの提供を受けるに際して既に前二項に規定する方法による確認（当該確認について次条に規定する方法による記録の作成及び保存をしている場合におけるものに限る。）を行っている事項の確認を行う方法は、当該事項の内容と当該提供に係る法第26条第1項各号に掲げる事項の内容が同一であることの確認を行う方法とする。
（第三者提供を受ける際の確認に係る記録の作成）
第16条　法第26条第3項の規定による同項の記録を作成する方法は、文書、電磁的記録又はマイクロフィルムを用いて作成する方法とする。
2　法第26条第3項の記録は、第三者から個人データの提供を受けた都度、速やかに作成しなければならない。ただし、当該第三者から継続的に若しくは反復して個人データの提供（法第23条第2項の規定による提供を除く。以下この条において同

じ。）を受けたとき、又は当該第三者から継続的に若しくは反復して個人データの提供を受けることが確実であると見込まれるときの記録は、一括して作成することができる。
3　前項の規定にかかわらず、本人に対する物品又は役務の提供に関連して第三者から当該本人に係る個人データの提供を受けた場合において、当該提供に関して作成された契約書その他の書面に次条第1項各号に定める事項が記載されているときは、当該書面をもって法第26条第3項の当該事項に関する記録に代えることができる。
　（第三者提供を受ける際の記録事項）
第17条　法第26条第3項の個人情報保護委員会規則で定める事項は、次の各号に掲げる場合の区分に応じ、それぞれ当該各号に定める事項とする。
　一　個人情報取扱事業者から法第23条第2項の規定による個人データの提供を受けた場合　次のイからホまでに掲げる事項
　　イ　個人データの提供を受けた年月日
　　ロ　法第26条第1項各号に掲げる事項
　　ハ　当該個人データによって識別される本人の氏名その他の当該本人を特定するに足りる事項
　　ニ　当該個人データの項目
　　ホ　法第23条第4項の規定により公表されている旨
　二　個人情報取扱事業者から法第23条第1項又は法第24条の規定による個人データの提供を受けた場合　次のイ及びロに掲げる事項
　　イ　法第23条第1項又は法第24条の本人の同意を得ている旨
　　ロ　前号ロからニまでに掲げる事項
　三　第三者（個人情報取扱事業者に該当する者を除く。）から個人データの提供を受けた場合　第1号ロからニまでに掲げる事項
2　前項各号に定める事項のうち、既に前条に規定する方法により作成した法第26条第3項の記録（当該記録を保存している場合におけるものに限る。）に記録された事項と内容が同一であるものについては、法第26条第3項の当該事項の記録を省略することができる。
　（第三者提供を受ける際の記録の保存期間）
第18条　法第26条第4項の個人情報保護委員会規則で定める期間は、次の各号に掲げる場合の区分に応じ、それぞれ当該各号に定める期間とする。
　一　第16条第3項に規定する方法により記録を作成した場合　最後に当該記録に係る個人データの提供を受けた日から起算して1年を経過する日までの間
　二　第16条第2項ただし書に規定する方法により記録を作成した場合　最後に当該記録に係る個人データの提供を受けた日から起算して3年を経過する日までの間
　三　前二号以外の場合　3年
　（匿名加工情報の作成の方法に関する基準）
第19条　法第36条第1項の個人情報保護委員会規則で定める基準は、次のとおりとする。
　一　個人情報に含まれる特定の個人を識別することができる記述等の全部又は一部を削除すること（当該全部又は一部の記述等を復元することのできる規則性を有しない方法により他の記述等に置き換えることを含む。）。
　二　個人情報に含まれる個人識別符号の全部を削除すること（当該個人識別符号を復元することのできる規則性を有しない方法により他の記述等に置き換えることを含む。）。
　三　個人情報と当該個人情報に措置

を講じて得られる情報とを連結する符号（現に個人情報取扱事業者において取り扱う情報を相互に連結する符号に限る。）を削除すること（当該符号を復元することのできる規則性を有しない方法により当該個人情報と当該個人情報に措置を講じて得られる情報を連結することができない符号に置き換えることを含む。）。
四　特異な記述等を削除すること（当該特異な記述等を復元することのできる規則性を有しない方法により他の記述等に置き換えることを含む。）。
五　前各号に掲げる措置のほか、個人情報に含まれる記述等と当該個人情報を含む個人情報データベース等を構成する他の個人情報に含まれる記述等との差異その他の当該個人情報データベース等の性質を勘案し、その結果を踏まえて適切な措置を講ずること。
（加工方法等情報に係る安全管理措置の基準）
第20条　法第36条第2項の個人情報保護委員会規則で定める基準は、次のとおりとする。
一　加工方法等情報（匿名加工情報の作成に用いた個人情報から削除した記述等及び個人識別符号並びに法第36条第1項の規定により行った加工の方法に関する情報（その情報を用いて当該個人情報を復元することができるものに限る。）をいう。以下この条において同じ。）を取り扱う者の権限及び責任を明確に定めること。
二　加工方法等情報の取扱いに関する規程類を整備し、当該規程類に従って加工方法等情報を適切に取り扱うとともに、その取扱いの状況について評価を行い、その結果に基づき改善を図るために必要な措置を講ずること。
三　加工方法等情報を取り扱う正当な権限を有しない者による加工方法等情報の取扱いを防止するために必要かつ適切な措置を講ずること。
（個人情報取扱事業者による匿名加工情報の作成時における公表）
第21条　法第36条第3項の規定による公表は、匿名加工情報を作成した後、遅滞なく、インターネットの利用その他の適切な方法により行うものとする。
2　個人情報取扱事業者が他の個人情報取扱事業者の委託を受けて匿名加工情報を作成した場合は、当該他の個人情報取扱事業者が当該匿名加工情報に含まれる個人に関する情報の項目を前項に規定する方法により公表するものとする。この場合においては、当該公表をもって当該個人情報取扱事業者が当該項目を公表したものとみなす。
（個人情報取扱事業者による匿名加工情報の第三者提供時における公表等）
第22条　法第36条第4項の規定による公表は、インターネットの利用その他の適切な方法により行うものとする。
2　法第36条第4項の規定による明示は、電子メールを送信する方法又は書面を交付する方法その他の適切な方法により行うものとする。
（匿名加工情報取扱事業者による匿名加工情報の第三者提供時における公表等）
第23条　前条第1項の規定は、法第37条の規定による公表について準用する。
2　前条第2項の規定は、法第37条の規定による明示について準用する。
（個人情報保護指針の届出）
第24条　法第53条第2項の規定による届出は、別記様式第3による届出書によるものとする。
（個人情報保護委員会による個人情報保護指針の公表）
第25条　法第53条第3項の規定に

よる公表は、インターネットの利用その他の適切な方法により行うものとする。
（認定個人情報保護団体による個人情報保護指針の公表）
第26条　認定個人情報保護団体は、法第53条第3項の規定による公表がされた後、遅滞なく、インターネットの利用その他の適切な方法により、同条第2項の規定により届け出た個人情報保護指針を公表するものとする。

附　則
（施行期日）
第1条　この規則は、個人情報の保護に関する法律及び行政手続における特定の個人を識別するための番号の利用等に関する法律の一部を改正する法律（平成27年法律第65号。以下「改正法」という。）の施行の日から施行する。ただし、附則第6条及び附則第7条の規定は、改正法附則第1条第4号に掲げる規定の施行の日から施行する。
（第三者提供の事前の届出に関する特例）
第2条　法第23条第2項の規定による届出は、第7条第2項の規定にかかわらず、同項第1号の規定により個人情報保護委員会が定めるまでの間は、別記様式第1による届出書及び当該届出書に記載すべき事項を記録した光ディスク等を提出して行うものとする。
2　代理人によって前項の規定による届出を行う場合には、前項の届出書に別記様式第2によるその権限を証する書面を添付しなければならない。
（第三者提供に係る記録の作成に関する経過措置）
第3条　第13条第1項に規定する事項のうち、施行日前に第12条に規定する方法に相当する方法で記録（当該記録を保存している場合におけるものに限る。）を作成しているものについては、第13条第2項の規定を適用することができる。この場合において、同項中「前条に規定する方法」とあるのは「前条に規定する方法に相当する方法」と読み替えるものとする。
（第三者提供を受ける際の確認に関する経過措置）
第4条　法第26条第1項各号に規定する事項のうち、施行日前に第15条に規定する方法に相当する方法で確認（当該確認について第16条に規定する方法に相当する方法により記録を作成し、かつ、保存している場合におけるものに限る。）を行っているものについては、第15条第3項を適用することができる。この場合において、同項中「前二項に規定する方法」とあるのは「前二項に規定する方法に相当する方法」と読み替えるものとする。
（第三者提供を受ける際の確認に係る記録の作成に関する経過措置）
第5条　第17条第1項に規定する事項のうち、施行日前に第16条に規定する方法に相当する方法で記録（当該記録を保存している場合におけるものに限る。）を作成しているものについては、第17条第2項を適用することができる。この場合において、同項中「前条に規定する方法」とあるのは「前条に規定する方法に相当する方法」と読み替えるものとする。
（改正法附則第2条の規定による通知の方法）
第6条　第7条第1項の規定（通知に関する部分に限る。）は、改正法附則第2条の規定による通知について準用する。
（改正法附則第2条の規定による届出の方法）
第7条　改正法附則第2条の規定による届出は、別記様式第1による届出書及び当該届出書に記載すべき事項を記録した光ディスク等を提出して行うものとする。

2　個人情報取扱事業者が、代理人によって改正法附則第2条の規定による届出を行う場合には、前項の届出書に別記様式第2によるその権限を証する書面を添付して個人情報保護委員会に提出しなければならない。

別記様式第一（第七条第二項、附則第二条第一項及び附則第七条第一項関係）

届出日	年　　月　　日
届出番号	

届出書

　（個人情報の保護に関する法律（第23条第2項・第23条第3項）・個人情報の保護に関する法律及び行政手続における特定の個人を識別するための番号の利用等に関する法律の一部を改正する法律（平成27年法律第65号）附則第2条）の規定により、次のとおり届け出ます。

年　　月　　日

個人情報保護委員会　　殿

届出者の氏名又は名称　　㊞
住所又は居所

1．届出をする個人情報取扱事業者（以下「届出者」という。）の概要

新規又は変更の別	1．新規　　　2．変更（元の届出番号：　　　　）
個人又は法人等の別	1．個人　　　2．法人等
届出者の氏名又は名称	（フリガナ）
法人番号（13桁）	｜｜｜｜｜｜｜｜｜｜｜｜｜
届出者の住所又は居所	都道府県　　　　　　　　　　市区町村 電話　（　　）
代表者の氏名（届出者が法人等の場合に限る。）	（フリガナ）
事務連絡者の氏名（代表者と同じ場合には記載は省略可）	（フリガナ） 電話　（　　） E-mail

資料3

2．届出項目
(1) □ 本人の求めに応じて本届出書に係る当該本人が識別される個人データの第三者への提供を停止すること。
   (□内に印を付けること。)
(2) 第三者への提供を利用目的としていること。

(3) 第三者に提供される個人データの項目

(4) 第三者への提供の方法

(5) 本人の求めを受け付ける方法（該当するもの全ての□内に印を付けること）
   □ 郵送（宛先：   ）
   □ 受付窓口（住所：   ）
   □ 電話（番号：   ）
   □ WEB（URL：   ）
   □ その他（   ）

3．本届出書に係る個人データの第三者への提供を開始する予定日
   【   年   月   日】

4．個人情報保護委員会による公表に関する希望（いずれかの□に印を付けること。）
   □ 希望なし
   □ 次の理由により、【   年   月   日】以後の公表を希望
   (公表日を指定する理由：   )

5．□ 本届出書に係る個人データの第三者への提供が、法令等に抵触するものではないこと。
   (□内に印を付けること。)

6．添付書類（□内に印を付けること。）
   □ 委任状（代理人により届出を行う場合に限る。）

記載要領
1. 最上段の届出日及び届出番号の欄には記載しないこと。
2. 数字を付した欄は、該当する数字を〇で囲むこと。
3. 「法人番号」とは行政手続における特定の個人を識別するための番号の利用等に関する法律（平成 25 年法律第 27 号）第 2 条第 15 項に規定する「法人番号」を指す。なお、法人番号を記載する欄に、同条第 5 項に規定する「個人番号」を記載しないこと。
4. 「法人等」には、法人格を有しない団体等も含まれる。
5. 届出日は、本届出書が個人情報保護委員会に到達した日を指す。
6. 2.（2）の欄には、個人情報の保護に関する法律第 18 条第 1 項の規定により、本人に通知し、若しくは公表した利用目的又は同条第 2 項の規定により、本人に対して明示した利用目的の該当箇所を記載すること。
7. 5 の「法令等」には個人情報の保護に関する法律も含まれる。例えば要配慮個人情報を同法第 23 条第 2 項の規定により第三者に提供することはできない。
8. 本届出書には届出者により記名押印又は署名をすること。
9. 用紙の大きさは、日本工業規格Ａ４とすること。

別記様式第二（第七条第三項、附則第二条第二項及び附則第七条第二項関係）

委 任 状

　　　　代理人所在地又は住所

　　　　代理人名称又は氏名

　　　　代理人連絡先（部署名）

　上記の者を代理人とし、(個人情報の保護に関する法律（第 23 条第 2 項・第 23 条第 3 項）・個人情報の保護に関する法律及び行政手続における特定の個人を識別するための番号の利用等に関する法律の一部を改正する法律（平成 27 年法律第 65 号）附則第 2 条）の規定による届出手続に関する一切の権限を委任します。

　　平成　　年　　月　　日

　　　　委任者所在地又は住所

　　　　委任者名称又は氏名　　　　　　　　　　　　　　　　　㊞

　　　　委任者連絡先（部署名）

別記様式第三（第二十四条関係）

届出日	年　　月　　日
届出番号	

届出書

　個人情報の保護に関する法律第53条第2項の規定により、次のとおり届け出ます。

年　　月　　日

個人情報保護委員会　　殿

団体の氏名又は名称　　　印
住所又は居所

1．届出をする認定個人情報保護団体（以下「団体」という。）の概要

団体の名称	（フリガナ）
法人番号（13桁）	☐☐☐☐☐☐☐☐☐☐☐☐☐
団体の住所	都道府県　　　　　　市区町村 電話　（　　）
代表者の氏名	（フリガナ） 印
事務連絡者の氏名 （代表者と同じ場合には記載は省略可）	（フリガナ） 電話　（　　） E-mail

資料3

2．届け出る個人情報保護指針に係る事項
（1）新規又は変更の別（いずれかの☐に印を付けること。）
　　　☐ 新規　　　☐ 変更
（2）個人情報保護指針を（作成・変更）した日
　　　　　　　年　　　　月　　　　日
（3）個人情報保護指針の施行日（予定を含む）
　　　　　　　年　　　　月　　　　日
（4）匿名加工情報に関する事項の有無（いずれかの☐に印を付けること。）
　　　☐ 有　　　☐ 無
（5）変更した場合の変更内容及び変更の理由

（6）消費者の意見を代表する者その他の関係者の意見聴取の有無（いずれかの☐に印を付けること。）
　　　☐ 有　　　☐ 無
（7）意見聴取の方法及び経過の概要（（6）で「有」を選択した場合）

3．個人情報保護委員会による個人情報保護指針の公表に関する希望
　　（いずれかの☐に印を付けること。）
　　　☐ 希望なし
　　　☐ 次の理由により、【　　　年　　　月　　　日】以後の公表を希望
　　　　（理由：　　　　　　　　　　　　　　　　　　　　　　　　）

4．添付書類（☐内に、印を付けること）
　　　☐ 個人情報保護指針（必須）
　　　☐ その他（　　　　　　　　　　　　　　　　　　　　　　　）

記載要領
1. 最上段の届出日及び届出番号の欄には記載しないこと。
2. 数字を付した欄は、該当する数字を〇で囲むこと。
3. 「法人番号」とは行政手続における特定の個人を識別するための番号の利用等に関する法律（平成25年法律第27号）第2条第15項に規定する「法人番号」を指す。なお、法人番号を記載する欄に、同条第5項に規定する「個人番号」を記載しないこと。
4. 法人番号を記載した場合は、団体の住所欄の記載を省略することができる。ただし、法人番号公表サイトにおいて公表されている所在地と異なるときは記載すること。
5. 届出日は、本届出書が個人情報保護委員会に到達した日を指す。
6. 用紙の大きさは、日本工業規格Ａ4とすること。

●執筆者紹介

日置 巴美（ひおき・ともみ）
弁護士（弁護士法人内田・鮫島法律事務所）。
2008年新司法試験合格。司法修習の後、国会議員の政策担当秘書を歴任。
消費者庁消費者制度課個人情報保護推進室政策企画専門官に着任し（2013年9月～）、個人情報保護法改正のため2014年3月より内閣官房情報通信技術（IT）総合戦略室パーソナルデータ関連制度担当室参事官補佐を併任。個人情報保護委員会設置に伴い、2016年1月より個人情報保護委員会事務局参事官補佐として施行令改正等を担当し、現在に至る。
執筆箇所：板倉執筆箇所を除く全て

板倉 陽一郎（いたくら・よういちろう）
弁護士（ひかり総合法律事務所）。
2007年新司法試験合格。2008年弁護士登録。
消費者庁企画課個人情報保護推進室政策企画専門官（2010年4月～2011年6月）、消費者庁消費者制度課個人情報保護推進室政策企画専門官（2011年7月～2012年12月）を経て、現在に至る。
執筆箇所：①3「諸外国との関係」、②3(4)イ「オプトアウト手続による第三者提供──届出制・委員会公表の導入」加筆・修正、③1「安心・安全なデータ流通のために」

個人情報保護法のしくみ

2017年4月10日　初版第1刷発行

著　者　　日　置　巴　美
　　　　　板　倉　陽一郎

発行者　　塚　原　秀　夫

発行所　　株式会社　商　事　法　務
〒103-0025 東京都中央区日本橋茅場町 3-9-10
TEL 03-5614-5643・FAX 03-3664-8844〔営業部〕
TEL 03-5614-5649〔書籍出版部〕
http://www.shojihomu.co.jp/

落丁・乱丁本はお取り替えいたします。
© 2017 Tomomi Hioki, Youichiro Itakura
Shojihomu Co., Ltd.
ISBN978-4-7857-2509-9
＊定価はカバーに表示してあります。

印刷／広研印刷㈱
Printed in Japan